الحياة بكل معانيها

إشراف/ فاطمة شعبان حسن

اسم الكتاب: الحياة بكل معانيها

النوع: خواطر

تأليف: مجموعة مؤلفين

تصميم الغلاف: أسماء فرغلي

التصحيح اللغوي: دعاء عطية

التنسيق الداخلي: بدر صبحي

رقم الإيداع: 2024/3819

الترقيم الدولي I.S.B.N: 3-77-8994-977-978

جمهورية مصر العربية-القاهرة

مدير النشر: أحمد مكى   جهاد محمود

01142340175 – 01208209008

ahmedmakay79@gmail.com

سوف أغلق نافذتي للأبد

سوف أغلق نافذتي مع قلبي، تجاهك، تجاه كل شيء يخص حياتك؛ لانها ستدمرني قريبًا حقًا، لأن لم تفعل معي شيئًا غير تدمير حياتي، أقسم لك أنني كنت أعشقك، أعشق كل تفصيلة بها رائحتك التي أصبحت بنسبة ليٌ إدمان، كنت أفعل أي شيء لأجل أرى ابتسامة على وجهك، كل تفاصيل حياتك كنتُ أعيشها، وكأنها حياتي، بل أقسم وأكثر، لكن ماذا أخذت بعد كل ذلك؟ إهانة بمشاعري، تجريح لذاتي، ظلام احتل حياتي ولم أعلم كيف الهروب منه! لذلك قررت أن أغلق النافذة التي تؤذيني دائمًا مهما كانت إطلالتها جميلة.

ك/فاطمه شعبان حسن "فاطم"

العالم لم يعد آمنا بعد الآن

وكيف للعالم أن يكون آمنا بعد فقدان فؤادي، أخبروني كيف؟ لقد كان الأمان بنسبة لي بَين البشر، دفء أحضانهُ كانت بـِ العالم أجمعين، لقد كان يخاف أن يخدش روحي، أشتقت لهُ، لكل تفاصيل حياتي معهُ، الأن أقفل على قلبي قبل جسدي جميع الأبواب، لأنني على يقين أني لن أحصل على شيئًا من هذا العالم غير الظلام التي أصبح يُرافقني دائمًا، أشتاق لهُ ولكل شيء كان يقوم به حينما يلاقي على وجهي العبوث، حينما كان يشعر بما يدور داخل عقلي من غير ما أتحدث

أصبحت لأ أجد الأمان بين الموجودين حقًا يا فؤادي.

ك/فاطمه شعبان حسن"فاطم"

غدر الأصدقاء

منذ طفولتنا كنا سويًا لم نفترق غير للحظات قليلة، لم كنت أعتبرهم أصدقاء ليّ بل كنت اعتبرهم عائلتي الثانية وأكثر من ذلك، كنتُ أبوح بكل شيء بداخلي أمامهم أثق بهم ثقة عمياء، لم أدري أن بداخلهم كل هذا الحقد والكراهية من ناحيتي، لم أكن أعلم أن كل الديجور الذي كنتُ أمُرُّ به بِسببهن، كأنهم لا يتركون لحظة واحدةً لأجل يَدخلون بداخلي شعور أنني لن أنفع لشيءٍ نهاية، يأخذون كل شيء أريده وأحبه دون إدراك مني، حقًا لن أشعر بغدرهم حينما أخذةُ أعز عزيز لقلبي، ولا كل الأشياء التي كنتُ أعشقها وهي تذهب من بَين يدي بكل سلاسة ولا أعلم لماذا؟.

ك/فاطمه شعبان حسن"فـاطم"

رداء زائف

ابذل أقصى جهدي يومًا لأجل أن اوقف نزيف قلبي أمام الجميع، لأجل لا أرى نظرة شفقة داخل أعينهم، وهم بالأساس سبب هذا النزيف، لهيب يشتعل داخل قلبي دائمًا والضجيج سوف يُدمرني قريبًا، أصبحت أوهم نفسي بقوة زائفة، أرى على مدار اليوم مشاهد أجزم لو أنها سيف لقد كان نهئ على حياتي، أقف مثل جزع الشجره صالبه أمام المصاعب التي تواجهني دومًا، أشعر بي رجفة تصيب قلبي وتسري في أوردتِه حين أنتزع رداء قوتي نهاية كل ليلة داخل غرفتي المظلمة التي أصبحت مهربي الوحيد من العالم، الذي أتمنى أفل مِنْهُ في أقرب وقت كي أرتاح قليلًا.

ك/فاطمه شعبان حسن"فاطم"

معك أستطيع

فقط معك أنت أستطيع مواجهة العالم، معك أبوح بكل شيء دون خجل، أو تردد، أطلق لقلبي الصراح كي يأخذ قسطًا من العالم لكي يرتاح قليلًا ويشعر بالطمأنينه، التي يفتقدها في العالم الخارجي، أميل عليك بدون خوف، لأني على يقين أنك لن تخذلني في يومًا، أحب ذاتي عندما أنظر داخل عيناك، وأشعر بنفسي ملكة حين تَنطق أسمي، ويداك تُطبطب على قلبي، كن بجَواري دائمًا، لأني لما مِلت إليكَ اتزنت، وفي ميلي إليكَ حُسن اعتدالي.

ك/فاطمه شعبان حسن"فـاطم"

نبذة عن الكاتبة

الاسم/ هنا محمد سعيد الثور

السن/ ١٥ سنة

محافظة/ القليوبية

أكتشفت أنى أهوى الكتابة عندما كتبت أول رواية لى وأنا بعمر ال ٩ سنوات وبعدها حاولت جاهدة تطوير موهبتى بعدة طُرق وأتممت كتابة العديد من الروايات الخاصة بى مثل رواية حياة سلمى كتبتها وأنا فى عُمر ال ١٢ سنة ورواية صُدفة فى عالم البحار وأنا فى عُمر ال ١٣ سنة ورواية ولكنني أخترت وأنا فى عُمر ال ١٤ سنة ورواية هذه أنا فى عُمر ال ١٤ سنة وآخر كتاباتى كانت رواية عالم آخر وكتاب الحياة بكل معانيها، وما كُنت لأصل لِما أنا فيه من دون دعم عائلتى وأصدقائى

رقم الهاتف/ ٠١٠٢٨٣٣٨٣٩٢

رقم هاتف آخر/ ٠٥٠٠٠٤٨٣١٠

يجب أن تعلم أنه عندما تدعو الله ليحقق أمانيك، أن الدعوة لن تُنسى، ولكن ينتظر الله الوقت المناسب ليجيب لك تلك الدعوة، ولكن بالصورة التي تناسب قدرك، مثلا تدعو ربك أن تكون أكثر فرد ناجح في المجتمع، تُرد لك الدعوة في حمايتك من حادث، لأن الله يُحقق أمانينا في الوقت الذي سنكون فيه مُستعدين للتعامل مع هذه الأمنية، وليس في الوقت الذى نريده، والله يعلم وأنتم لا تعلمون.

(هنا محمد سعيد)

حاولت جاهدة القضاء على ذكرياتي المؤلمة، ولكن الحقيقة أنها هي من قضت عليّ منذ زمن، أنا أتقبل أن كل الخسائر تُعوَّض، ولكن من سيُعوضني عن سنيني التي قضيتُها في الندم؟ لا يوجد أحد، أعتقد أنني سأظل مجروحة القلب، باهتة الوجة، فاقدة للحياة في هذه الحياة.

(هنا محمد سعيد)

أعظم معروف يمكن أن تقدمه لنفسك هو أن تكون حُرًّا، لقد خلقنا الله أحرارًا فكيف لعبد أن يُقيدنا؟ هل لك أن تُقنع العصفور أنك ستحبسه في القفص خوفًا عليه رغم أنه قد تَعَوَّد على الطيران؟ فما بالك بإنسان

(هنا محمد سعيد)

هل فكرت يومًا في أنك من الممكن أن تكون الشخص السيء في رواية أحدهم؟ أنا أفكر في هذا دائمًا، وكنت أشعر بالضيق كلما فكرت في هذا الأمر؛ لأنني أريد عندما أقف أمام الله يوم الحساب ألا يأتي أحد ويقول لربي عني إني ظلمته، وحينها لن أدخل الجنة إلا إذا سامحني، فبعدها قررت أني لن أظلم حتى لو ظُلِمت، وسأستودع الله في حقي، وسأُخبر الله بكل شيء ولن أُسامح أحدًا.

(هنا محمد سعيد)

كل شيء سيأتي في اليوم المناسب، ولكن وأنت تقضي حياتك ساعيًا لقضاء واجبك في الحياة، ستجد من لا يصون العِشرة، ومن لا يحفظ الأمانة، ومن يُظهِر لك عكس ما في قلبه لمصلحته، ولكن الذكاء في التعامل مع هذه الظواهر؛ فمثلًا من لا يصون العِشرة يأتي خيرًا من عشرة، ومن لا يحفظ الأمانة، فهم أُناس اعتادت قلوبهم على الخيانة، ومن يسعى لاستغلالك ... صدقني لن يتخلص العالم من هؤلاء الناس، فكن مُتسامحًا ولطيفًا مع نفسك؛ فهي من ستظل معك للنهاية.

(هنا محمد سعيد)

عيناكِ بحرٌ واسعٌ عجزت عن وصف جماله، فكيف لي أن ألوم من وقع في الحب من أول نظرة! فهذه عيناكِ وهذا أنا أول مُغرم، عيناكِ كالسحر وأنا من سُحِرتُ بها، وما احتمى من سِحركِ إلا أعمى، عيناكِ في نظراتِها صدقت أكثر من فمكِ، مهما تكلّمتُ عن جمال عينيكِ سأكون مُقصرًا، وصف جمال عينيكِ يتطلب شاعرًا بارعًا.

(هنا محمد سعيد)

وبعد طريق طويل... أخيرًا وصلت، ولكن هل لكِ أن تسأليني كيف وصلت؟ هل تظنون أني سِرت وأنا أسعى على حرير؟ لا تعرفون أني سقطت في طريقي ١٠٠٠ مرة، وتملَّكني اليأس فيها مرات عديدة، وحتى أنني كنت أظُن أني لن أحقق حلمي فيها أبدًا، ولكني تذكرت أنه كيف لي ألا أُحقق الإنجازات وربي خالق المُعجزات؟ فلا تستسلم لإحباطك أبدًا، وغير خطة الوصول للهدف وليس الهدف نفسه، ولا تنسى... فإن بعد الصبر جبرًا.

(هنا محمد سعيد)

أجمل شيء في الحياة هو الانعزال؛ الانعزال عن ضوضاء المدينة بالذهاب إلى أهدى الأماكن في الحياة؛ وهو البحر، فيه أجد نفسي، وأجدد طاقتي وأنا أحتسي كوبًا من القهوة، وأنا أنظر لشروق الشمس، الذي ينعكس سطوعه على أمواج المياه، ويتبعها صوت زقزقة العصافير التي تدخل الأذن كأنها نغمة موسيقية، البحر يملك العديد من الأسرار، ولكن لاكتشافها يجب أن يكون لها أضرار.

(هنا محمد سعيد)

اعفوا عن الحاقد إذا ظلمك، فلا تجعله يحرمك من نعمة راحة البال، فبراحة البال المرء لا يُهان، ودَعْ حسابك معه ليوم الحساب، لم نأتِ الدنيا لنحزن على الخسائر؛ لأننا إن ضيعنا حياتنا فيما لا يفيد، فيوم الحساب سنكتشف ما هي الخسائر الحقيقة، وحينها سيكون قد فات الأوان.

(هنا محمد سعيد)

وما أجمل من التأمل في كل جزء في الكون؟! تشعر أنك عُزلت عن عالمك المليء بضوضاء المدينة وأشكال المنازل المملة، وتشعر بالاسترخاء والراحة، وأنت تجلس على الرمال الذهبية وتنظر لأمواج البحر، ويجذبك سراب الحمام الذي يملأ السماء، ومع ذلك يُحافظ على نظامه، ويسحر عينيك القمر وهو يتوهج مع أنه جسم مُعتم، والنجوم المتلألئة التي تزيدها جمالًا، حقًا كم أن الكون جميل! وخالقهُ عظيم.

(هنا محمد سعيد)

أسبح في بحر أحلامي، حقًا ما يدور في ذهني كل يوم يشبه البحر، أسعى دائمًا للوصول إلى ما أُريد، ولكنني لا أُريد شيئًا واحدًا، أريد العديد من الأشياء التي حلمت بها مُنذ طفولتي، حتى أنني نطقت القَسَم وعزمت على تحقيقها، وسَأُحققها بإرادة الله عز وجل، فإن الله هو من قال ادعوني أستجب لكم.

(الكاتبة: هنا محمد سعيد)

هل للصُدف أن تغير حياتنا بهذا الشكل؟ قُلت: إن في اختلافنا عيبًا، وما هو إلا أجمل المُميزات، اختلفت عوالمنا ولكن اتفقت قلوبنا وكأنها تلاقت من وراء ظهورنا، أنتِ الربح لِمن عاش الخسارة، أنتِ لست صديقتي بل مصدر سطوع الشمس في عالمي، فحُبُكِ سهمٌ اخترق قلبي، ولن يخرج السهم من قلبي إلا بخروج روحي.

(الكاتبة/ هنا محمد سعيد)

ما أجمل أن تعيش ولديك حلم وهدف تسعى لتحقيقه، حلم تستيقظ من أجله كل يوم، وما أجمل من الوصول للحلم؟! هي الذكريات سواء كانت حزينة أم سعيدة؛ لأنها دائمًا ما تُذكرنا بأننا نستحق ما وصلنا إليه، وأنه لا لذة للنجاح دون كفاح، وأن الله دائمًا عند حُسن ظن عبده به، وأن الله لا يُضيع أجر من أحسن عملًا، فتمسك بحلمك وضع خططًا لتحقيقه ولا تستلم، وتذكر... جيل المُستقبل ينتظر مشاهدة إنجازاتك.

(الكاتبة/ هنا محمد سعيد)

أنتم لستم عائلتي، بل أنتم ملجئي الأبدي، أنت أبي... مصدر شعوري بالأمان والامتنان، أنتِ أمي... مصدر الحنان والإخلاص، أنتِ من علَّمتِني القيم، أنتِ من علَّمتِني الصدق بكل معانيه، أنتِ أختي... بل أنتِ أنا، معًا عِشنا في هذه الحياة أنتِ ملجئي الأول والأخير، أنت أخي... أنت من أثق به أكثر من نفسي.

(الكاتبة/ هنا محمد سعيد)

المطر، هو الشيء الوحيد الذي لم يختلف أحد على حُبه، فبصوته راحة للقلوب المجروحة، فعندما يهطل تمتلئ الشوارع بالبهجة وصوت المرح يعم الأرجاء، ويصبح العجوز طفلًا يتعمد هطول المطر على كَتِفيه، فكيف للمرء أن يُلام على حبه له؟

(هنا محمد سعيد)

كانت مشكلتي دائمًا أنني أتوقع من الناس أن يعاملوني كما أُعاملهم؛ ولكن تكون الصدمة عندما أُعامَل وكأنني نكرة بعد كل هذه العِشرة، ولكني استودعت نفسي عند الله، وصدقوني لم ولن أندم أبدًا على تعامُلي معهم برفق؛ لأني أفعل هذا لوجه الله، أما شُكرهم فأنا لا أنتفع منه بشيء، وتذكروا دائمًا... لو علمتم الغيب لاخترتم الواقع.

(هنا محمد سعيد)

أُريد أن تختفي المعارك التي تحدث في عقلي كل يوم، أجلس في زاوية غُرفتي لأتنازع مع عقلي وقلبي، وفي النهاية تكون حربًا دون وجود فائز، أحيانًا أصنع خيالات في عقلي وأتعايش معها وكأنها حقيقة، لدرجة أني في بعض الأحيان أتحدث مع نفسي، سأكون كاذبة لو قلت: إني لا أنزعج من هذه العادة؛ بسبب سُخرية بعض الأشخاص، ولكن في نفس الوقت أستمتع؛ لأن أبطال مُخيلتي في الحقيقة صادقتن أكثر من بعض الناس في الواقع.

(هنا محمد سعيد)

أنت من اختارهُ قلبي، أنت من كُتِبت في قدري، أنت من بُعِثت لي عوضًا، أنت الجبرُ بعد الصبر، أنت رفيقُ روحي ودربي، أنت من علمني دروس الحياة وكأنك خبيرًا بكل ما فيها، أنت من علمني الغرام والهوى، أنت من رأيثُ نفسي في عينيكَ نجمة ساطعة في وسط الظلام، أنت مصدر الأمان، أنت من أتمنى أن يكون رفيقي في الجنة، أنت من ستظلُ نبضات قلبي تتسارع حين تراك عيني حتى تصعدُ روحي للخلاق.

الكاتبة/ هنا محمد سعيد

هل لكم أن تذكروا كم مرة جَرحتكم الحياة؟ مرات عديدة أليس كذلك؟ ولكن هل لكم أن تذكروا لي كم درسًا تعلمتم بعدها؟ بالطبع الكثير، هل تعلّمتم كيف تكشفون الكذب؟ هل تعلّمتم كيف تواجهون النفاق؟ هل تعلّمتم من هم الأشخاص الذين يستحقون أن تمنحوهم الثقة؟ هل تعلّمتم كيف تثقون بأنفسكم وتواجهوا الصِعاب بقوة وذكاء؟ هل سألتم أنفسكم يومًا لو لم نُجرَح ماذا كان سيحدث؟ كان سيحدث موقفًا أصعب من هذه المواقف الصغيرة، ولأننا في هذا الوقت لن نكون على عِلم بهذه الدروس، فحينها سنُدمَّر... لو علمتم الغيب لاخترتم الواقع.

الكاتبة/ هنا محمد سعيد

أتعلمون ما هو أصعب من الموت؟ هو ما بين الموت والحياة؛ أن تكون روحك على قيد الحياة ولكن قلبك على مشارف الموت، نعم ينبض... ولكن كل نبضة يتبعها حُزن وضيق، تُحاول أن تُكمل حياتك بشكل طبيعي ولكن كيف والأوجاع تتجدد كل يوم؟ بأشخاص جُدد يُمزقون قلوبنا وكأنهم بارعون في هذا، فقلت لقلبي هل تسمح لي بالراحة يومًا؟ قال لي: حتى وإن سمحتُ لكِ بالراحة... عقلكِ سيُعيد الذكريات، وما للذكريات من هلاك حتى الهلاك.

الكاتبة/ هنا محمد سعيد

نبذة عن الكاتبة

منال عبد الحافظ عبد الله

16سنه

سوهاج

طالبه بالثانويه العامه مدرسه الشهيد عبد الله عز الدوله بكير(بنات)مركز البلينا

حلمي: ان أصبح كاتبه مشهوره وليا تأثيري الخاص علي الناس و وفهم المشاكل و محاوله علاجها من خلال الكتابه

رقم الفون 01155624950

اسم الفيس (فتاه بلخمار تجملت)

ستبدآ الزهور في التفتح مره اخري ستعود الآبتسامه الي واجهنا ستضحك لنا الحياه وسيشرق الصباح ونحن معآ.

تغيرت في حياتنا الكثير من المفاهيم، وأدركنا أن الوضوح الشديد شيء سيئ، وأن الغموض مطلوب، وأن الابتسامة لها أكثر من معنى، وأن بعض الوجوه من حولنا ترتدي أكثر من قناع، وأن المواقف البسيطة قد تجعلنا نعيد ترتيب الأشخاص من جديد.

كاتبة: منال عبد الحافظ

كل بداية وليها نهاية، الفكرة في إن مش لازم كل النهايات تبقى سعيدة وإلا كلها لازم تكون حزينة دائمًا، هي كدا الحياة... شوية حلوة وشوية بتسود في وشنا، بس بيكون فيه بصيص نور بسيط بيرجع ينور حياتنا.

الكاتبة: منال عبد الحافظ

ما زلت أؤمن بأن المعجزات تتحقق، وبأن كل هذا الألم سينتهي يومًا ما، وستعودَ الابتسامة ترتسم على وجوهنا يومًا ما، وسنشعر بأننا لم نتألم قط.

الكاتبة: منال عبد الحافظ

ستبدأ الزهور في التفتح مرة أخرى، ستعود الابتسامة إلى وجوهنا، ستضحك لنا الحياة، وسيشرق الصباح ونحن معًا.

الكاتبة: منال عبد الحافظ

أرهقتنا الحياة ولم نعد نحتمل، في منتصف الطريق لم نجد أحدًا، اختفى ذلك الصديق، واختفى في الدرب الرفيق، وكأننا شيعت جنازتنا ونحن أحياء، أين تلك الكلمات؟ أين الرسائل؟ أين الهواتف؟ أين تلك الأقنعة؟ سقطت وكأنها أوراق شجر تذروها الرياح واحدة تلو الأخرى، حتى جفت أرواحنا وصارت مشاعرنا يتيمة حزينة، نعيش ولا نحيا، يجري بنا العمر ولا ندري أتلك حياة أم موت بالبطيء؟ والحزن يعشش في كل الجدران، والدمع نهر لا يتوقف عن الجريان، وإحساس مات من كثرة الخذلان.

كاتبة: منال عبد الحافظ

سأزهرُ يومًا قبل أن يحلّ الرّبيع، سأُعانقُ الغُيوم وأرتمي بين أحضانِ السّماء، سأشرقُ كشمسٍ مُنيرة، وأصبحُ مصدرَ النّور لكلّ من أحلَكت العتمة صدرهُ، وضوءٌ خافتٌ في ظَلمة الحياة، سأغدو كطائرٍ حُرّ طليقٍ، وأرفرف كما لو أنّني فراشةٌ تجوبُ المدى، سيبتسمُ لي حُلمي ويغدُو حقيقة، سيولد بعد أن حملتُ به في قلبي، وسأصبحُ أمًا لهذا الحُلم المُدلّل.

الكاتبة: منال عبد الحافظ

سلِّم نفسك من ثرثرة الأحكام على الناس، وخُذ بزمام قلبك واجعل قِبلته رضا ربه، فلا يلتفت بعين الفضول يمينًا وشمالًا... من فعل، ومن قال، ومن قال!

ومتى انشغل القلب بتلك الثرثرة تكدَّر فحُجِب عن تلقي الأنوار، والدخول في رحاب الأسرار

الكاتبة: منال عبد الحافظ

محدش هيشيل شيلتك ولا هيحس بوجعك، وللأسف كل اللي هيعرف إن عندك مشكلة هيقول لك إن هو كمان زيك والدنيا كلها مشاكل، وهيعلي عليك بكل الطرق الممكنة عشان يقلل من شيلتك، وأزمتك هتفضل تافهة ف عين الشخص اللي مَمرِّش بيها، عشان كدا أنا ضد إن الواحد يبين ضعفه قدام حد، اجمد كدا وشيل شيلتك لوحدك.

الكاتبة: منال عبد الحافظ

لا تتخلّ عن حلم بِسبب الوقت الذي يحتاجه لِتحقيقه؛ فالوقت سَيمضي على أيّ حال، لا تسمحوا لليأس بأن يتسلل إلى نفوسكم، اتبعوا أحلامكم وجِدّوا واجتهدوا لأجلها.

الكاتبة: منال عبد الحافظ

حين تغرب من حياتك أشياء كنت تحبها، لا تضيع وقتك بالوقوف أمام لحظة الغروب، استدر نحو الشرق وابحث عن النور... تفاءل... فهناك بالأفق شروق جديد.

الكاتبة: منال عبد الحافظ

تمسك بالأمل مهما كان حلمك مستحيلًا، واهمس لقلبك: "إن الله على كل شيء قدير"، وفي اللحظة التي تشعر فيها بأن كل شيء يحدث عكس رغباتك تذكر قوله -تعالى-: لا تدري لعل الله يحدث بعد ذلك أمرًا.

الكاتبة: منال عبد الحافظ

لما تحب تقارن...

إياك والمقارنة بالغير،

كل واحد مشواره غير التاني، ودايمًا هتلاقي حد أحسن منك في حاجة وأوحش منك في حاجات، بس أنت مش واخد بالك منها، فهي مقارنه غير صالحة ومش عادلة، الوحيد اللي تقدر تقارن نفسك بيه هو أنت امبارح، وأنت الشهر اللي فات، وأنت السنة اللي فاتت، لا تنظر إلى غيرك، ولا تُقارن نفسك بأي شخص، قارن نفسك بنفسك وارض بما قسمه الله لك.

الكاتبة: منال عبد الحافظ

في سجن الوحدة وجدرانه القاسية والفرحة اللي غايبة وقلوبنا ناسية من وراء قضبان نور الزنزانة باهت والروح مني راحت، وناس كتير من ضحكتي ارتاحت، مش فاضل غير يدوب قلم وحبة ورق وكام كلمة بتحاول تخرج قبل آخر نفس، وأتاري الحياة والدنيا دي عبث.

الكاتبة: منال عبد الحافظ

"كان الفرق شاسعًا بين أنّ تعتذر؛ لأنّك أغضبتني وبين أن تعتذر؛ لأنّك خذلتني... الغضب يكفيه الاعتذار، وأحيانًا يكفيه فقط مساحة من الوقت والصمت، لكن الخذلان لا يخفّف مرارته الاعتذار، ولا الوقت ولا الصّمت...

كلّ الآمال تسقط دفعة واحدة.

الكاتبة: منال عبد الحافظ

الحياة بكل معانيها

مش البعد بس

اللي بيعلِّم الجفا

لأ... القسوة والإهانة كمان، وردود الأفعال

قلة التقدير وتكرار الغلط بالغلط

كُتر الخذلان والعتاب... اللوم وكسرة النفس

كسرة الخاطر واللامبالاة... البرود بـأحاسيسك

وإحساسك إنك مش فارق أسرع طريق هـيوصلك للجفا

هتتعلم تستغنى عن كل حاجة

حتى لو هتتوجع

حتى لو هتقطع كل حبال المودة

حتى لو هتبقى عايش من غير روح

هيكون أرحم لك من مشاعر متسولة ملهاش لزوم.

الكاتبة: منال عبد الحافظ

يا ليتنا نمتلك ممحاة حتى تمحو كل الذين مروا فسحقوا فينا ياسمين الروح، كل الذين كسروا وجرحوا، فسرقوا منا الطمأنينة والأمان، ويا ليتنا نستطيع إقامة مدائن تشبه قلوب الأطفال؛ كي نُخبأ فيها كل الذين نحبهم، وكل الذين أرهقهم أنين المسافات، ويا ليتنا نستطيع أن نستعير فرجًا وجبرًا، وطمأنينة وسلامًا، وفرحًا بحجم الكون

لكل الذين خطف الوجع بريق جفونهم، فتشفى أرواحهم ونسكنهم مدن السلام.

الكاتبة: منال عبد الحافظ

لم أعد أحتمل الأيام، ولا تلك الدقائق... سئمت فيك الانتظار، جسدي منهك، روحي تغادرني ببطء، كل الأماني أصبحت حزينة، كل الأحلام لم تعد وردية، أصبحتُ بلا هدف، أنتظر وأنتظر دون جدوى، هل تتأخر أنت أيضًا وأنا أنتظرك؟ تعبت ولم أعد أحتمل تلك العَثرات، تلك الخيبات، تلك الأماني الزائفة، تلك الوعود الكاذبة، تلك الأحلام الورية...

يا قدري المحتوم لا تتأخر عني؛ فإن الحياة أرهقتني كثيرًا.

الكاتبة: منال عبد الحافظ

آسِف يا ربِّ إنّي مش أمين على صحتي اللي أنعمت عليا بيها، وآسِف عشان بحرِم جسمي من الراحة وبسهر أشغِل بالي بحاجات لا هتقدّم ولا هتأخر، وآسِف؛ لأن مرّات كتير هلكت قلبي في الخوف من اللي جاي، ونسيت أفكر نفسي بإن سُبحانك رحيم ومبتحملش حد فوق طاقته، وآسِف عشان في أغلب الأوقات كُنت بتوقَّع السيناريوهات الأسوأ من كُل حاجة بدل ما أحسن الظن في عظمة قُدرتك... آسِف يا رب.

الكاتبة: منال عبد الحافظ

كل ما أبتغيهِ أن أترك أثرًا طيبًا في علاقاتي القائمة الآن والتي انتهت، ألا يتذكرني أحد يومًا فيؤلمُه قلبه أو يشعر بغصةٍ تبكيه، أن تصحب ذِكراي ابتسامة وحنينًا لي، ألا أكونَ عبئًا أو شخصًا لا يمكن تخطيهِ لسوئه، لا أريد أن أكون الأجمل والأروع... أريد أن يُقال عني فقط " كانت الأحنَ والأكثر تفهمًا"، هذا والله كل ما أبتغيه من الحياة. الكاتبة: منال عبد الحافظ

الكاتبة: منال عبد الحافظ

نبذة عن الكاتبة

سلمى محمد شحم

20سنه

دمياط

طالبة بجامعة الأزهر كلية الدراسات الإسلاميه والعربيه بنات المنصوره قسم الشريعه والقانون

حلمي: أن أصبح ذات أثر طيب في نفس كل قارئ يقر كتاباتي

رقم الفون 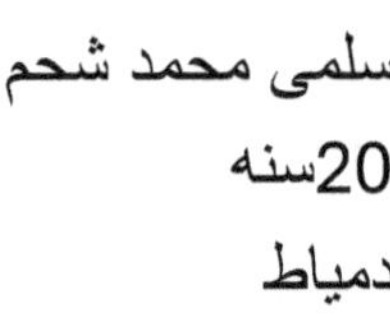 01025507370

اسم الفيس ابنة السلف (حمزة)

الانستا: ابنة السلف (حمزة)

نحن أولئك الاقوياء الذين لايظهرون قوتهم أمامك ولكننا نربح معارك لا تعرف عنها شي!..

أي علم تدرسه مهما كان تخصصك... ما وضعك الله فيه صدفة ولا عبثًا؛ ليعجزك، قد لا يعجبك وقد تنطفئ؛ لتعثرك أو تأخرك، لا بأس عليك... جَبَر الله ندوب قلبك، ما أوجد ربك ظلامًا في محيطك إلا وجعل هناك نورًا يضيء طريقك في أعماقك، إياك أن تظن أنك عادي وأنت الذي تحاول وتقاوم بصمت؛ لتصنع مجدك، آمين لأمنياتك.

سلمى محمد شحم

"أيامٌ صعبة، وظروفٌ أصعب، وطوق النجاة الوحيد في هذه الأيام التي نمر بها هو حُسن الظن بالله، حسن الظن الذي تخبئه خلف يأسك سيكون نجاتك حرفيًا، لا شيء يضيع عند الله؛ تعبك، يأسك، مجاهدتك، صبرك، كل ذلك يُقرّب لك الشيء الذي تنتظره لو كان خيرًا لك وينتشلك من الظلام إلى النور"

سلمى محمد شحم

سترى برحمةٍ من الله كيف تأتي السعادة إليك من حيث لا تدري، كيف يُطيبُ قلبك الموجوع؟ وكيف يصنع ربّك إليك لباسًا من عافية وفرح وسرور؟ فلا تبتئِس.

سلمى محمد شحم

الله لا ينسَ إحسانك، ولا وجعك، ولا ابتسامتك في وجه بائس...

الله لا ينسَ من خذلك، ومن خدعك، ومن آذاك... الله لا ينسَ صبرك وتحملك... الله لا ينسَ أنينك، وتأوهك...

اطمئن... ما كان ربك نسيا.

سلمى محمد شحم

"الحب الحقيقي ليس لأولئك الذين يشبهوننا، بل لأولئك الذي يُكملوننا...

ثمة نقص فينا لا يعوضه إلا شخص واحد... شخص دونه تعتبر ناقصًا مهما حاولت أن تتظاهر بتمامك...

تُعتبر صورة ينقصها قطعة واحدة لتكتمل، وتغدو أحيانًا تلك القطعة أهم من بقية الصورة "

سلمى محمد شحم

لن يبوح لك القرآن بأسراره إلا بطول الملازمة وحسن التعهد والعمل به؛ فأنت لا تستخرج أغوار صاحبك إلا مع الأيام والليالي لا الجلوس العابر أو المرور السريع، والقرآن أعظم صاحب في الدنيا والآخرة، يقال لصاحب القرآن: اقرأ وارتقِ ورتِّل كما كنت ترتل في الدنيا... فإن منزلتك عند آخر آية تقرأها.

سلمى محمد شحم

"فرانز كافكا" قبل وفاته بسنة عاش تجربة عظيمة جدًا كتب عنها:

في حديقة في برلين لفتت انتباهي طفلة تبكي بُحرقة؛ بسبب أنها فقدت دُميتها، عرض عليها أن يساعدها في البحث لكنه لم يجد شيئًا، فاقترح عليها أن ترجع لبيتها وأن يقابلها في اليوم التالي ليبحثوا مجددًا... لكن في البيت قرّر كافكا أن يكتب رسالة على لسان الدّمية للطفلة، ويسلّمها لها في الموعد؛ لأنّه كان واثقًا أنّ الدّمية ضاعت للأبد، الرّسالة كانت:

"صديقتي الغالية توقّفي عن البكاء أرجوكِ، إنّي قرّرت السّفر؛ لرؤية العالم وتعلم أشياء جديدة، سأُخبرك بالتّفصيل عن كلّ ما يحدث لي يوميًا"

عندما تقابلوا قرأ الرّسالة للطفلة التي لم تتوقف عن الابتسامة والفرحة وسط دموعها، وهذه لم تكن الرسالة الوحيدة، كانت البداية لسلسلة لقاءات ورسائل بينهم، تحكي فيها الدّمية للفتاة عن مغامراتها وبطولاتها بأسلوب ممتع جميل جذّاب، بعد انتهاء المغامرات أهدى "كافكا" للبنت دمية جديدة كانت مختلفة تمامًا عن القديمة.

ومعها آخر رسالة على لسان الدُمية:

(الأسفار غيّرتني، لكن هذه أنا...) كَبِرت الفتاة وبقيت محتفظة بدمية "كافكا" إلى أن جاء يوم واكتشفت رسالة أخيرة ثانية كانت مخبّأة في معصم دميته...

سلمي محمد شحم

ليس من طبع الحياة تمام الحظوظ، فلا كمال مطلق ولا نقص مطلق، ثمة نِعَم كُتبت لك، وثمة حرمان فُرض عليك، وهنا تبدأ حياتك أو تنتهي؛ فإما أن تُعظم النعم التي بيمينك فتعيش راضيًا مرضيًا، وإمّا أن تُقلب كفّيّك على ما حُرمت منه، وليس وراء ذلك إلا حياة تمر بك دون أن تعيشها.

سلمى محمد شحم

كل الفوارق تذوب حين نجد من يشبهنا...

لا العمر يؤثر ولا الرتبة... ولا أي معيار يُعتدّ به...

إنه عالم الروح الذي لا يخضع لفلسفتنا وتخطيطنا وإرادتنا،

فالروح تألف أو تنفر دون وعي أو إدراك...

إنها جنود مجندة من الرحمن...

فسلام على من ألِفتهم الروح وإصطفاهم الفؤاد.

سلمى محمد شحم

وإن الغاية من الزواج هو اقتسام الرغيف معًا

والالتفاف حول صينية واحدة،

أعطيكِ اليوم الجزء الأكبر منها؛ لأنك جائع

وتعطيني بالغد الجزء الأكبر؛ لأنني متعبة،

وننام وظهرينا للباب غير خائفين من الغد؛

لأننا نعلم أننا معًا سنتخطى كُل شيء،

ولست أخاف من تقلبك وتغيرك ومن الغد والمستقبل،

ولا من أن يغلق كُل منا نفسه حول نفسه،

ولا أن ينغلق عن العالم فيهرب بعيدًا ويترك صاحبه تائهًا فزعًا في غياباتِ الجُب.

إن الغاية من الزواج اقتسام الهُموم، وتهوين الرحلة؛ إذ أن الرحلة شاقة، والساق سقيمة، ولا أحد يعلم كم من العقبات ينبغي علينا تخطيها.

إن الغاية من الزواج الرِفقة والسَكن والسَكينة.

سلمى محمد شحم

"قطع عنك الأسباب؛ ليجعل قلبك خالصًا إليه، منقطعًا عن كل سبب إلا عنه، لتعلم أن برد اليقين عطاء لا يشبهه عطاء، ليريك عظيم قدرته حين يأذن بالفرج، قطع عنك الأسباب؛ ليرفعك في مقامات العبوديّة، ليفتح لك باب رجائه وحده، وليذيقك لذة مُناجاته وحده.

سلمي محمد شحم

لم يتأخر رزقك ولم يفُتك القطار ولم يسبقك أحد، هي أقدار الله وكلها في صالحك، ورب الخير لا يقضي إلا بالخير، ولو شاء لأعطاك أمانيك في غمضة عين، لكنه يُربّينا سبحانه ويُعلمنا أن الحياة تحتاج إلى المزيد من الصبر ولا شيء يعيننا على ذلك إلا يقيننا التام بأن الله يُحسن التدبير ولن يُضيّعنا.

سلمي محمد شحم

{ فَاسْتَجَبْنَا لَهُ }

أنت لا تعرف كيف سيغيّر الله المشهد لأجلك، وكيف سيُعيد ترتيب الأقدار لأجل ندائك ورجائك.

"فاستجبنا له" هذه وحدها كفيلة أن تجعل من المستحيل ممكنًا، ومن الصعب سهلًا، ومن البعيد قريبًا، فأبشر يا من لجأت بمن إذا أراد شيئًا قال له كن فيكون.

سلمى محمد شحم

كونك طيبًا فهذا ليس معناه أنك لن يُساء فهمك وتبقى خبيثًا في أعين البعض،

كونك جايب آخرك وبتعمل اللى عليك فده مش معناه إنك هتتقدر وتتشال ع الراس

اوعى تفتكر لأنك موظف شاطر إنك هتترقى ولا ممكن تترفد كمان

كونك صريح فده مش معناه إنك مش هتتهم بالتحوير والكذب

كونك أمين مؤتمن فده مش معناه إنك مش هتتخان

لكن اعلم... أن صانع المعروف تقي يصارع السوء

واحرص إنك تُراعي ربنا في السر والعلن

واعلم أن الدنيا مكان امتحان والنتيجة مش هنا

والأهم: اشتغل على نفسك، لو فيك حاجة غلط توب وصلحها وكمل.

سلمى محمد شحم

من أسباب نزع البركة والأُنس في كثير من البيوت...

قال الله -عز وجل-:

"فإذا دخلتم بيوتًا فسلِّموا على أنفسكم تحية من عند الله مباركة طيبة، كذلك يبين الله لكم الآيات لعلكم تعقلون"

قال رسول الله -صلى الله عليه وسلم- لأنسٍ:

"إذا دخَلْتَ على أهلِكَ فسَلِّمْ يكُنْ بَرَكةً عليكَ وعلى أهلِكَ"

من الحرمان أن تتوالى السنين والشهور والأعوام وهناك من يدخل على أهله ويمنّ عليهم حتى بإلقاء السلام، فكم يخسر وتخسر هذه البيوت من البركة والأنس، والطمأنينة والسكينة، والسعادة بالتفريط في هذا الشعور العظيم، فعاهد نفسك من الآن على أن تلتزم بإلقاء السلام، وأن تفشيه في أهلك وغير أهلك... يبارك في نفسك وبيتك وحياتك وآخرتك.

سلمى محمد شحم

لا تظنُ...

أن تكرار الدُّعاء يَأس، وتأخير الاستِجابة حِرمان، عَوَض الله يأتي دائمًا بعد التَّعب والحُزن والصَّبر والابتلاء، فَليطمئن قلبِك ولتهدأ رجفات روحك، ربمَا ضاقت وزَاد الحمل عَليك، وكثُرت الضغوطات وتهت بَين الطُّرُقات، ولكن اعلم يقينًا وتَذكر جيدًا أنَّهُ مهما ازدادت الشِّدَّة وطالت المُدة سيعوضك الرّحِيم بعوضٍ عظيم وجبر كبير، حتَّى وإن كانت ظروفك أقسى من الحَدِيد، سيُكافئك بما صَبرت من أجلِهِ، أتظن أنه سيخذل قَلبك الذي يِفِيضُ حبًا وإيمانًا ويقينًا بِه؟

سلمى محمد شحم

أحيانًا الأحلام تكون صعبة الوصول، لكن عليك الاستمرار مهما كانت المسافات بعيدة، إن كنت تؤمن بحلمك وذاتك فاعلم بأنك ستجعل من الحلم حقيقة...

﴿أَمَّن يُجِيبُ الْمُضْطَرَّ إِذَا دَعَاهُ﴾.

سلمى محمد شحم

الحمدُ لله أنّنَا مأجورون... على كلّ لحظة قاسيةٍ، وكل دمعةٍ، وكل ألمٍ، وكل جُهدٍ ومعاناة، وكُلّ صبرٍ...

شعور الإنسان في أضيق لحظة عليه أنَّ الله يمنُّ عليه، ويصاحبه طوال دنياهُ وآخرته، ويرحمُه من آلامِه التي تنهشهُ كل ليلة، وتأكلُ من طاقته وتُنقصُ من راحته...

الحمد لله الذي جعلَ في الإسلام أنّ كل آهٍ نئنُّ بها لنَا بها أجرًا.

-سلمى محمد شحم

أنت الطريق وأنت الصديق وأنت الحبيب

وأنت الجهات وكل الناظرين.

أنت ظلي وخِلِّي ورفيق روحي

أنت كالأمان الذي أُحارب به خوفي.

أنت العافية اللي يطيب بها قلبي.

أنت فوق الكل والكل داري

سبحان من جعلك قبولي الوحيد...   (إليك أكتب)

سلمى محمد شحم

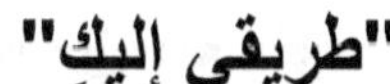

"طريقي إليكِ"

لا أثق بكلام الحب أو بالأحرى لا أثق بالبشر، كانت نبرة صوتها باردة كالثلج وعينيها تطلق الرصاص، لكني عشقتهما دون قيود، تلك العيون التي تتظاهر بالبرود وتخبئ خلفهما الدفء والحب، قطعت وعدًا بيني وبين نفسي أني سأجعلك تعشقين الحب أو بالأحرى تعشقيني يا فراشتي، لا أعلم كيف أعيد ثقتك بالبشر... لكن أنا رجل يعشق التحديات... وخصوصًا لو كانت عن الحب يا فراشتي، لا تقلقي سأصلح ما أفسده العالم وستحلقين في حقول حبي.

ك: رويدا الشهاوي

" بدون كلمة واحدة"

كان عليّ أن أعلم أن هذا الحب لن يسبب لي سوى الألم والعذاب، بدون كلمة واحدة تركتني وحيدة، بين ليلة وضحاها أصبحت وحيدًا، أين أنت؟ فقلبي الأحمق ما زال يبحث عنك، ما زال يريدك، يشتاق لأنفاسك... أشتاق لكل شيء، ذكرياتنا وأحلامنا ما زلت أتذكرها بكل تفاصيلها، في النهاية ودعتني دون كلمة واحدة، تركتني مع قلبي المحطم المعلق بحبك يا أحمق، الحب لن يسبب لي إلا الندوب والألم، التي لن أستطيع شفاءها بمفردي، كل ليلة لا أجد أحدًا بجواري يواسيني سوى دموعي وأحزاني، بكل دمٍ بارد رحلت وأنا خلفك أكرهك... لا ما زلت أبكي حين أنظر إلى السماء، أهذا يعني أنني ما زلت أحبك؟ في النهاية الحب الذي تعلقت به بشدة تركني ورحل.

ك: رويدا الشهاوي

"حنيني إليك"

كل يوم أتجاهل مشاعري وأكذب على نفسي، إني نسيتك ونسيت حبك، ولكن لِمَ أبكي الآن حين رأيتك؟ لا أرغب بالبكاء لكن الدموع تسقط دون إرادتي، أخبرتُ نفسي مئات المرات أنك لم تَعُد على قيد الحياة، حتى أستطيع أن أكمل حياتي كأنك لم تكن موجودًا، لكن حين رأيتك أمامي الآن في أكثر لحظاتي ضعفًا لم أتحمل فكرة غيابك، أريد أن أبكي بين ذراعيك، أريد إعادة تلك الذكريات مرة أخرى، لكن لا يمكنني إعادتها؛ لأنك بكل بساطة تخليت عني وذهبت إلى مكان لا أستطيع الوصول إليه فيه.

ك: رويدا الشهاوي

"اكتفيت بكِ"

صوت الرياح مع رائحة المطر، تعيد لي ذكريات الماضي، التي طالما أحببتها، فهي تذكرني باليوم الذي فيه أصبحت أسيرًا لحبكِ يا أميرتي الصغيرة، ذلك اليوم الذي رفرف فيه قلبي من السعادة لأول مرة منذ زمن حين وافقتِ على حبي، ونطقتِ بأنكِ تحبينني، ذلك اليوم الذي شهد عليه العالم بأسره؛ على مشاعرنا الصادقة حين أصبحتِ امرأتي، وها أنا بعد مرور سنوات كثيرة على ذلك اليوم ما زلت واقعًا في حبكِ، يا أميرتي الصغيرة أعشق حبي لكِ.

ك: رويدا الشهاوي

"فراشتي الصغيرة"

أنا أحبكِ... لا بل أنا متيم بكِ، عاشق بلا حدود كالسماء العالية التي لا حدود لها، أنتِ فراشتي الصغيرة التي بسببها أحيا كل لحظة، أستيقظ كل صباح حتى أرى ابتسامتك وأسمع صوتك الذي لا أمل منه أبدًا، لكن فراشتي أين أنتِ؟ ألا تسمعين صوتي؟ فراشتي أنا هنا... أين أنتِ؟ أنا أحتاجك يا صغيرتي فأنا أحبك، لم لستِ هنا بجواري؟ رحلتِ أنتِ أيضًا وتركتني وحيدًا بدون أي كلمة؟ أنا لا أستطيع تخيل حياتي بدونكِ، وأنتِ ماذا فعلتِ؟ تركتني في منتصف الطريق وقلبي مقيد بسلاسل عشقك الأحمق، أنتِ حقًا بلا قلب يا فراشتي، لكن لمِّ ما زال قلبي يرغب في احتضانك وأن يخبئك بداخله، أنا لا أعرف... أنا فقط لست بخير بدونك يا فراشتي الصغيرة.

ك: رويدا الشهاوي

"حبي الوحيد "

تلك المشاعر التي شعرت بها لأول مرة، حين تنادي اسمي يهتز قلبي فرحًا، حين أراك تبتسم أبتسم دون أن أشعر، هل هذا ما يسمونه الحب؟ إذا أنا أحبك... لا ... بالطبع لا ... فأنت صديقي الوحيد، هل يمكن أن تصبح حبيبي أيضًا؟ هذا ما كنت أسأله لنفسي باستمرار حين أراك، كنت أريد أن أخفي مشاعري حتى لا تفسد صداقتنا؛ لأنني لا أعلم مشاعرك، لكن عيني وبريقها حين أكون بجوارك كشفت كل شيء يا صديقي، في النهاية كل مخاوفي ذهبت؛ لأننا الآن نتعاهد على أن نحب ونعتني ببعضنا حتى آخر يوم يا أميري.

ك: رويدا الشهاوي

"سأحلم"

سأحلق في السماء العالية دون قيود، لن أدع أي شخص مهما كان يوقفني عن تحقيق حلمي الصغير؛ ذلك الحلم الذي بسببه أستيقظ كل يوم وأنا على يقين تام أنه سيتحقق، لذا لن أسمح لنفسي بالسقوط أبدًا، قد أتعب قليلًا لكن أنا أثق بنفسي لدرجة كبيرة وأثق أنها ستكون مجرد غيمة صغيرة وستمر، وحين تمر ستشرق الشمس مرة أخرى معلنة عن بداية معركة جديدة؛ إنها معركتي مع الحياة وسأفوز بها .

ك: رويدا الشهاوي

"حلمي المرتقب"

صديقي: في البداية لم أثق بنفسي أنني سأصل إلى حلمي الصغير، كل ما ظننته أنني سأبقى في القاع، وهذا ما صدقته، حتى أتى إليّ ذلك الشخص الذي صرخ قائلًا: أحمق... هل ستستسلم بهذه السرعة؟ أنت حتى لم تحاول يا صغيري، فلتقاوم وتثابر نحو حلمك، صدقني ستصل حتى لو سقطت مائة مرة، حاول مرة أخرى، فمن يعلم... قد تصل إلى ما تريده في تلك المرة فنحن نحيا مرة واحدة، لذلك حاول حتى النهاية، صدقني في يوم ما ستصل بلا شك إلى ما تريده، ثق بنفسك فقط وستصل حتى لو كان الأمر مستحيلًا في البداية يا صديقي الصغير، ستصل في النهاية، تذكر دائمًا أنني معك وسأرشدك دائمًا.

ك رويدا الشهاوي

"حياتي"

لأول مرة منذ زمن أشعر أنني بدأت أول خطوة في تحقيق ما أريد، في إثبات نفسي، في الوقوف على قدمي، في الماضي حين خسرت كل شيء؛ ثقتي وعائلتي وكل لحظاتي السعيدة، وشعرت بالضياع... لم أعلم وقتها ماذا أفعل؟ لذا انغمست في أحزاني ونسيت كيف نقف مرة أخرى، حتى جاء اليوم الذي نظرت فيه إلى السماء وكم هي عالية، رأيت النجوم تلمع بشدة وتذكرت أن اليأس لن يحل أي شيء، لذلك قررت أن أدعو الله بكل إيمان وصبر أن يحقق لي ما أتمنى، أن يخرجني من الظلام ويرشدني إلى النور، دعوتُ كثيرًا.... سنوات كثيرة مرَّت، وفي النهاية صار ذلك الدعاء عادة لدي في كل ركعة وكل صلاة أدعوها، حتى بدأت تتحقق الآن، بكيت فرحًا وأيقنت أن الله يؤجل كل شيء لحكمة.

ك: رويدا الشهاوي

"عالمي الصغير "

في النهاية أنا شخص لا يستطيع الحديث كثيرًا عن مشاعره، فكرت كثيرًا في كيف أعبر عن مشاعري المدفونة التي لا يعلم بها أحد؟ أردت دائمًا الصراخ والبكاء بصوت عالٍ لكن في ذات الوقت لم أرغب في إظهار ضعفي لأحد، خشيت أن يتم استغلاله بشكل أو بآخر، لذلك بعد أزمتي الكبيرة التي غيرت مجرى حياتي وتفكيري ومشاعري التي لا أستطيع حتى البوح بها، وجدتُ نفسي ولأول مرة أمسك قلمي وأسجل تلك المشاعر، لم أكن أعلم أنني سأجد ملجئي في بعض الكلمات، تلك الكلمات والكتب التي أصبحت جزءً مني، أصبحت عاشقًا للكلمات؛ لأني وجدتها تصف حالي بدقة، تواسيني وتخفف عني حين تركني الجميع، تلك الكلمات التي كنت أكتبها والدموع في عيني، كلماتي التي ولأول مرة تصل إلى قلب ذلك الشخص الذي حطم قلبي، ممتنة حقًا لقلمي الصغير الذي جعلني أتخيل أشياء لا أراها، جعلني أدخل لعالم لن أخرج منه أبدًا؛ عالم الكتابة.

ك: رويدا الشهاوي

أبي الراحل

أبي العظيم... كنت سندًا لي في هذه الحياة، كنت أقرب شخص لي، لماذا تركتني ورحلت؟ تركتني وحيدة في هذه الدنيا، كنت دائمًا تحميني وتقف بجانبي، ولكن من بعد رحيلك لم يبقَ شخص يقف بجانبي ويساندني في هذه الحياة، ويقوم بإعطائي النصائح عندنا أقع في مشكلة، ويقوم بمعاتبتي عندما أفعل شيئًا خاطئًا، رحيلك دمرني يا أبي، ألم فراقك لم أعد أحتمله.

الكاتبة/ منة كرم

حزني

أصبح حزني هو الرفيق الوحيد لي، دائمًا بجانبي، هو الشيء الوحيد الذي لا يريد أن يتركني، لماذا لا يتركني أعيش بسعادة؟ لماذا لا يتركني مثلما تركني الجميع وحيدة؟ لماذا لا أعيش مثل الآخرين بسعادة، ودون هموم أو حزن؟ لقد تأقلمت على حزني، حيث أصبح جزء من حياتي لا يتركني أبدًا.

الكاتبة/ منة كرم

لم أكن أريد أن أقع في الحب

لم أكن أريد ان أقع في الحب، أنت من دخلت حياتي وجعلتني أتعلق بك، أنت جعلتني أحبك، جعلتني أثق بك بعدما فقدت ثقتي في الجميع، أنت قُلت لي: إنك سوف تبقى بجانبي ولن تتخلَ عني، وقُلت لي أيضًا: إنك سندي في هذه الحياة، ولكنك تركتني وتخليت عني، وأوهمتني أنك تحبني، بفضلك أصبحت أفقد ثِقتي في الجميع وأمقتُ حياتي، جعلتني أيضًا أتمني الموت مائة مرة، بتُّ أبغض أن أسمع اسمك، لماذا فعلت بي هذا؟

ك/ منة كرم

مفهوم الحب

إن للحب مفهومين...

المفهوم الحالي: "وهو أن الشباب في هذا الزمن يقومون باستخدام الحب للتسلية فقط"

المفهوم الحقيقي: "وهو أن الحب شيء جميل؛ تقوم بمحبة شخص أكثر من نفسك، تقوم بالتضحية من أجله ومحبته دون أن تعرف لماذا تحبه، تحبه لنفسه لا لأمواله ولا لأجل مركزه، تحبه؛ لأن قلبك أراد هذا، تقوم بالاهتمام به، تحبه بعيوبه قبل مميزاته، تختلق له الأعذار حين يغيب، تقوم بمحبة ما يحبه، تقوم بمساعدته، تقوم بالوقوف بجانبه، وكثيرًا من الأشياء الأخرى التي لا يعرف معناها إلا المُحب"

الكاتبة/ منة كرم

ألم الفراق

الحياة بكل معانيها

أيقول الطبيب أن السرطان هو أقوى ألم؟! أيقول إن الألم لن يتحمله إنسان؟ وأنا أقول له أنت مخطئ، بل ألم الفراق هو أقوى ألم؛ حين تشعر أن شخصًا كنت تحبه كثيرًا لم يعد موجودًا، حين تشعر أن روحك لم تعد موجودة بل رحلت مع هذا الشخص، حين تبقى وحيدًا، حين تشعر بألم في قلبك، حين تتمنى الموت حتى تذهب إلى هذا الشخص، حين تحيا جسدًا بلا روح، هذا هو ألم الفراق.

ك/ منه كرم

حب بداخلي

أنا أحبك... لا بل أعشقك، ولكن لا يمكنني أن أقول هذا لَكِ، لأن قلبكِ ملك لشخص آخر، يوجد بقلبك شخص آخر... تحبينه رغم أني أحبك عشرات أضعاف حبه لَكِ، ولكن أنتِ قُمت باختياره، أتذكر عندما كنت أحميك دائمًا ورغم ذلك كنتِ ترتمين في حضنه، كنتِ تذهبين إليه وتهتمين به، ورغم كل هذا لا زلت أحبك.

"وفي قلبي حبًا جمًا لكِ، ولكني لا أستطيع إخراجه"

الكاتبة/ منه كرم

صلاتي

صلاتي هي حياتي، هي أساس ديني؛ فعندما أسجد لربي وأشكو له وأدعوه أشعر بالراحة النفسية، هي فرض ألزمنا به الله -سبحانه وتعالى-، عندما تشعر بالضيق اسجد لله وسوف تشعر بالراحة بعدها، يجب أن نلتزم بها؛ لكي لا نعصي الله، وأول خطوة في طريق التوبة هي الالتزام بالصلاة.

الكاتبة/ منة كرم

لماذا يتركني الجميع؟

لماذا يتركني الجميع ويرحلون عني؟ لماذا كل شخص أحبه يتركني ويذهب؟ لماذا عندما أثق في شخص كثيرًا يخون هذه الثقة؟ لم أعد أصدق أحدًا، الجميع يقولون لي: لن نتركك... ولكن يتركونني ويذهبون، هل أنا سيئة حتى تقوموا بترَكي وحيدة؟ هل يوجد بي شيء سيئ حتى تذهبوا عني؟ "لماذا جميع أحبتي يتركونني؟"

الكاتبة / منة كرم

الحياة بكل معانيها

لا أريد أصدقاء لي

لا أريد أصدقاء لي؛ فالجميع يريدون مصلحتهم، لم يعد يوجد صديق وفي، يقف معك في الشدائد، يقوم بمواساتك عند الضيق، يقوم بإعطائك النصائح حين ترتكب الأخطاء، لماذا لا يوجد صديق صادق؟ جميعهم منافقون، يتقربون منك؛ لأجل مصلحتهم ليس أكثر، وعندما يأخذون منك ما يريدون يتركوك وحيدًا ويذهبون، لا أريد أصدقاء مخادعين.

الكاتبة/ منه كرم

طريق النجاح

يجب علينا ألا نفقد الأمل في هذه الحياة، بل نتمسك في كل فرصة حتى لو كانت صغيرة؛ فهذه الفرصة الصغيرة يومًا ما سوف تصبح كبيرة، يجب أن نتحلى بالصبر؛ لأن الصبر هو مفتاح أي باب مغلق في وجهك، بالصبر سوف يفتح هذا الباب، أفضل طريقة للوصول للنجاح أي النجاح بالصبر وعدم اليأس.

الكاتبة/ منه كرم

نبذة عن الكاتبة

الاسم: رحمه الشحات عبدالله خليل الشويحى
تاريخ الميلاد: 2005/9/10
شارك في كتاب: الحياه بكل معانيها
مكان نشاء: محافظة دمياط
منطقة السكن: الركابيه
للتواصل: رقم هاتفي 01003756229
اهوي الكتابه وفخوره بكونى كاتبه
وممتنه لكل التجارب التي قادتني إليها
وفخوره بنفسي كوني أنا

"عن الصدق"

كن صادقًا، وتذكر دائمًا أن أول الصدق أن تكون صادقًا مع الله عز وجل، في الصدق إيمان لا يستطيع فهمه أو الشعور به سوى الصادقين، من عثرات الحيات أن تعيش حياة مليئة بالكذب، فإن زيّنت حياتك بالصدق نال قلبك ما يريد، الصدق منجاة، الصدق ربيع القلب وزكاة الخلقة، الصدق طمأنينة، الصدق يجعلك واثقًا من نفسك، الصدق قد لا يكسبك الكثير من الناس ولكنه سيوفر لك أفضلهم، الصدق هو أن تكون شخصًا صريحًا وواضحًا مع نفسك قبل أن تكون صريحًا وصادقًا مع الآخرين، كل شيء صادق يستمر، فتحرى الصدق مع من تحب.

ﮐ/ رحمة الشحات

"فراق الأحبة"

الفراق صعب جدًا؛ وذلك لأنه من الصعب أن تفارق روحًا كانت جزء منك دون أن تحزن أو تتألم، لذلك لا يوجد ما هو أصعب من فراق الأحبة، يرحلون ويتركون في القلب ندبات لا يزول أثرها حتى وإن توالت الأيام ومرت السنوات.

الفراق هو القاتل الصامت والقاهر الميت، الفراق حديثه الصمت، وعندما يفيض به يكون لسانه الدموع.

گ/ رحمة الشحات.

"السلام على الضاحكين وفي قلوبهم سنوات من البكاء"

أولئك الذين قرروا العيش ولم تحالفهم الحياة بعد...

أتساءل كيف سيكون شعور النهارية السعيدة لشخص اعتاد عل أن يخذله الطريق؟

كيف هي المسارات الآمنة بالنسبة لإنسان قضى عمره مرتجفًا؟

گ/ رحمة الشحات

"عن الأب"

أبي... لا شيء يشبه النهار سوى أبي واضحًا مثل النهار، لا يختفي ولا ينافق، أبي الوحيد الذي كان واضحًا في هذه الحياة بالنسبة لي، أبي هو نبع الحنان السامي، ونبع الحب الصافي، أبي... إنه أول حب لي، أبي هو النور والضياء لي ولأيامي، أبي سندي، حبيبي الذي لا يخون، وهو الأمان والقدوة، باختصار... حياتي كلها لا تساوي شيئًا من دون أبي.

ﮒ/ رحمة الشحات

"السيرة الحسنة أطول من العمر فأحسنوا"

أحسن إلى الناس، فنصف السعادة في الإحسان إليهم، واثبر على إساءتهم، كن محسنًا حتى وإن لم تلقَ إحسانًا؛ ليس لأجلهم بل لأن الله يُحب المحسنين، احرص على أن تترك أثرًا جميلًا في حياة الآخرين، ولا يُذكر اسمك بينهم إلا بكل خير، اجعل لنفسك أثرًا طيبًا في الحياة بعد رحيلك فلن يدوم إلا هو، الإحسان ينير كل الدروب فلا تبخل على من تحب بإحسانك، وكن محسنًا مثل الرسول صلوات ربي وسلامه عليه يومًا واحدًا، ولا تحزن إذا بخس الناس إحسانك، يكفيك أن الله لا يضيعه، كن شخصًا جميلًا بحياة من يعرفك، وكفى لنا رب يجازينا بالإحسان إحسانًا، إنك إن زرعت السعادة في قلب إنسان سيأتي يومًا وستجد من يزرعها في قلبك؛ فالدنيا كما تُقدم لها تُقدم لك، ولن تدوم إلا سيرتك الحسنة، فأحسن يُحسن الله إليك بعد رحيلك.

گ/ رحمة الشحات

"عن الأمل والتفاؤل"

أحببته بصدق، حبًا شديدًا، أكثر من نفسي، لكن... قدَّر الله وما شاء فعل، أراد الله أن نفترق، لكني لم أيأس، كان بداخلي أمل كبير وتفاؤل، كنت متفائلة خيرًا في الله وكرمه عليّ، دعوت الله كثيرًا في قيام الليل ووقت الأسحار وفي كل الصلوات، وكانت كل الأسباب توحي بعدم الاستجابة، كانت كل الأبواب مغلقة، وكلن ما كان يطمئنني هو صوت الأمل الذي كان بداخلي واليقين بالله أنه سيؤتيني سؤالي، ومرت السنوات وفي يوم ما لم يكُن بالحسبان جاءتني البُشرى؛ بُشِّرت بدعائي، لم أنم تلك الليلة من شدة سعادتي، وقلبي الذي كان يرفض دائمًا، قال بلهفة وسرور: قَبِلت، كان التفاؤل دائمًا حلًا لكل شيء، ولجلب ما تتمناه، الله دائمًا لا يخيب من أحسن الظن به ولا يترك قلبك معلقًا إلا وأهداه ما يتمناه، كانت دعواتي محفوظة عند الملك الجبار، فكيف لك أن تيأس، وربك إذا أراد شيئًا فأمره بين الكاف والنون؟ والله إن الله لا يُخيب من أحسن الظن به، فاطمئن.

ك/ رحمة الشحات

"إن في الحياة فترات انتقالية لا يمكن اجتيازها دون أن يموت شيء ما بداخلك"

تلك الليالي التي كنت فيها وحيدة قتلت فيّ شعور الرغبة في وجود أي أحد معي، والطرق الصعبة التي لم أكن أعرف نهايتها نفذت فيها كل طاقتي، والمواقف التي أحزنت قلبي بشدة جعلته لا يعرف سبيلًا للفرح مرة أخرى، وخذلان من أحبهم لي جعلني دائمًا أخشى الاقتراب من أحد؛ خشية الخذلان، فلم يكن بعمي متسع لأخذل مرتين، بكائي على عدم قدرتي على إخبار من حولي أنني لست بخير جعلتني أصمت دائمًا حتى في تلك المواقف التي يجب عليّ التحدث فيها، فقدان أحلامي قتل كل شيء بداخلي وأطفأ نور قلبي.

ﮒ/ رحمة الشحات

"عن الأم"

الأم هي أعظم شيء في الحياة، فلا حياة لنا بدونها، ونحن لا شيء بدن وجودها ولا معنى لحياتنا من غيرها، هو ملجأك الوحيد حين يتحلى عنك الجميع، حين يخذلك الجميع ستجدها وحضنها مفتوحًا لك، هي الوحيدة التي ستبقى تحبك مهما أخطأت، هي أنس المنازل، والقرب منها فقط يجعل كل شيء فيك بخير، لا تشكو لأحد غير أمك؛ فكل القلوب تتغير إلا قلبها، هي النافذة المضيئة لظلام قلوبنا دائمًا، هي الخير والفضل، هي الحياة... هي الكل.

گ/ رحمة الشحات

"رغم كل شيء أُصر أن أعيش سعيدة وممتنة"

لقد واجهت الكثير من الأشياء وبوفرة، وعلى الرغم من ذلك أصر على الحياة، أصر على أن أعيش سعيدة وممتنة لكل الأشياء التي تبدو في أعين الكثير بسيطة، في حين أنها تعني ليّ العالم كله، رغم كل شيء متحمسة ومتفائلة، رغم كل أحلامي التي خسرتها وطموحاتي التي هدمتها الحياة لي، لكنني ظننت في الله خيرًا أنه أراد ليّ الأجمل والأفضل، لم يهزمن الناس من داخلي فمن الصعب هزيمتي.

گ/ رحمة الشحات

"لديّ صديقة حقيقية وقديمة أحبها كأنها أنا، خبأتها السنين في جوفي"

ليست صديقتي... نحن أعمق من ذلك، إنها لي صديقة ومائة عائلة وألف عاشق، ليست صديقة... فهي مسكني الدافئ، لديها ابتسامة جميلة، قلب لطيف، كانت دائمًا بجانبي حينما لم أجد أي صديق، كانت دائمًا تسمعني حينما كان الجميع لا يسمعون، القرب منها بهجة، وبهجتها سببًا كافيًا لأصبح سعيدة جدًا، إنها سندي حين أضعف، إنها ابتسامتي في وقت حزني، وجودها يجعل كل شيء بخير حتى أنا، ممتنة لها؛ لأن كلماتها كانت دائمًا تشدُّ على قلبي وتترك ليّ ابتسامة جميلة، شكرًا؛ لأنكِ في حياتي، شكرًا؛ لأنكِ دائمًا تعيدين لي شُعلتي القديمة، دائمًا تزرع بداخلي حقولًا من الأزهار، شكرًا؛ لأنك لم تفلتي يدي حين ساءت الأحوال من حولي، وأنا بصحبتها لم أكن أبالي أبدًا بما أقول، كان الحديث معها سَلِسًا من دون جهد كما التنفس، وجودها يجعل الحياة قابلة للعيش، يجعلها مكانًا ذا معنى، إنها اليد القوية حينما تتهاوى بي الأيام، صداقتنا بيضاء، أبلَغ من مائة قصة حب، لا تعرف النهاية، ولا يضعفها الغياب، وهي أقوى من الظروف وتُغني عن الحب، إنها نادرة جدًا ولا تُعوض أبدًا، صديقتي... وجودك شيء عميق جدًا، شيء يجعلني أتنفس براحة كبيرة، شيء هادئ وحنون جدًا، شيء أحبه، صديقتي... إنك أغلى وأثمن كنز أمتلكه.

گ/ رحمة الشحات

"حسن الرجال شجاعة وشهامة، أما النساء فحسنهن حياء"

إن الحياء أجمل صفات المرأة، والحياء يجب أن تتحلى به كل فتاة مسلمة، والمسلم عفيف حيي، والحياء خلق له، إن أجمل ما في الفتاة حياءها؛ فالحياء يعبر عن الاحترام الذاتي والتواضع، والرقي في التصرفات والملبس، ويعكس القيم والأخلاق الحميدة، إن الحياء أجمل شيء فينا، وهو الذي يزيننا ويُجمِّلنا في أعين الناظرين، وهو الذي يُكسبنا احترام الآخرين، فالحياء خلق يُجَمِّل كل فرد وكل إنسان وليست المرأة فقط، والحياء والعفة من صفات النبي -صلى الله عليه وسلم-، ولو وجد جمالًا بلا حياء فهو كوردة بلا عطر، والمرأة إذا اشتد حياؤها صان ودفن مساوئها ونشر محاسنها.

گ/ رحمة الشحات

"يملك الإنسان كل أحشائه ما عدا قلبه"

لا أحد يتغير فجأة، ولا أحد ينام ويستيقظ متحولًا من النقيض للنقيض، كل ما في الأمر أننا في لحظة ما نُغلق عين الحب، ونفتح عين الواقع، فنرى بعين الواقع من حقائقهم ما لم نكن نراها بعين الحب، لم يقتلني شيء سوى اندفاعي في تلك المشاعر، كنت ولا زلت أهَب مشاعري دفعة واحدة، أعطي الأشياء أحجامًا تفوقها، وعندما أسقط... أسقط بثقلي كله؛ لأنني أنفقت الكثير من قلبي على المزيفين وأشباه الأصدقاء.

كـ/ رحمة الشحات

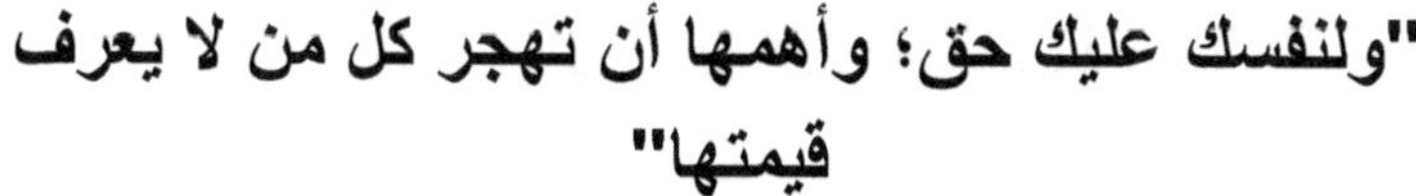

"ولنفسك عليك حق؛ وأهمها أن تهجر كل من لا يعرف قيمتها"

مهما بلغ حبك للآخرين لا أحد يستحق بأن تقلل من قيمة نفسك ولو للحظة من أجله، لا تتنازل عن عزة نفسك أبدًا حتى وإن كنت ستخسر عندها ألف صديق وألف حبيب، حافظ على عزة نفسك وابتعد عن كل ما يقلل من قيمتها وذاتها، واعلم أنه يجب عليك الاحتفاظ بها دومًا، ولا تشكو، ففي الشكوى انحناء، واجعل نبض عروقك كبرياء... وعزة نفسك ألا تتعلق بمن لا يحبك، عزة نفسك أولًا وثانيًا وثالثًا، كن عزيز النفس بلا تكبر، الحب جميل لكن عزة النفس أجمل بكثير، والشوق شيء وعزة النفس أشياء، اعرف الدنيا جيدًا وإن عرفتها ستتنازل دائمًا وكأنك في تحد مع عزة النفس، كن عزيز النفس ذو كبرياء، ولا تقارن نفسك بأحد، فإن قمت بذلك فإنك تهين نفسك، ولا سعادة بلا كرامة، كن عزيزًا وإياك أن تنحني مهما كان الأمر ضروريًا، فربما لا تأتيك الفرصة كي ترفع رأسك مرة أخرى، الكبرياء وإن خُدش فإنه يرمم نفسه، فانطلق ولا تخف، اجعل كرامتك وعزة نفسك فوق الجميع، فلا أحد يستحق أن تذل نفسك ولو للحظة من أجله، واجعل في نفسك عزة لو وُزِنَت لكنت أثقل الناس.

ﮐ/ رحمة الشحات

"وهذا سيمر مثل سابقه، وما الذي لم يمر؟"

سيمر كل هذا، لكنه سيأخذ الكثير من قلبك، سيمر مثل سابقه، سيمر ذلك العناء الذي بداخلنا فلا شيء يبقى على حاله، كل ما علينا هو الصبر، لعلّنا في ليلة نُجبر، نعَوَّض، نُزهر، يعفو الله عنا فتمحى ذنوبنا، ينظر الله إلينا فلا نشقى أبدًا، نرتاح من تلك الطرق الصعبة المجهدة، لعل شمس قلوبنا تشرق من جديد، لعل ما أطفأته الخيبات يرزقنا الله نورًا يضيئه من جديد، ستمر كل تلك المواقف التي تجبر نفسك عليها، لكن تخطي الخيبات فاتورته باهظة الثمن جدًا، سيمر بكم مواقف ظننتم أنها لن تمر ولكنها مرت، وكم من كُربات ظننتها لن تفرج فأدهشك الله بعطائه؟ إن الحياة فترات وكل شيء في حياتك له فترة وسينتهي، فلا تحزن إن طال البلاء وطال زواله، فوالله كل شيء يأخذ وقته ويمر، علمتني الخيبات والحياة أنه لا شيء يدوم للأبد، فلا تقف كثيرًا على ما مضى، ولا تستدر لترى الماضي؛ فلو كان خيرًا لكان هو حاضرك الآن.

گ/ رحمة الشحات

أكثر الناس حرصًا على عدم إثارة الفزع في قلوب العصافير هو الصياد الذي يقتلها فلا تنخدعوا"

لا تنخدعوا بالبدايات؛ فالكل فيها يكون حريصًا على ألا يُظهر القبح منه، دائمًا يتصنع في كلماته وتصرفاته لإغوائك؛ لكي تُعجب به، لكن في الحقيقة هو أجوف من الداخل، إنها مظاهر مزيفة، فلا يغرك مظهر الجمال الخارجي، يخدعنا أحيانًا بريق الأشياء من حولنا، وبعد أن نقترب منها نجدها لا شيء، فلا يغرك المظهر فحتى الملح يشبه السكر، يعجبنا شيء من شكله الخارجي فنتفق عليه، ولكن عندما نقترب منه نكتشف بأن الجوهر ضعيف، تخدعنا دائمًا البدايات؛ فالكل فيها يكون لامعًا، الكثير قال لكِ: سأبقى معكِ للأبد، وهو نفسه كان أول من خذلك، خدعوكِ بكلامهم المُزخرف بالنفاق، وابتسامتهم الجميلة التي تبدو نقية لكنها تخفي خلفها قبحًا كثيرًا، لا تخدعكِ المظاهر؛ فهدوء المقابر لا يعني أن الجميع ف الجنة، وتعلمي من تجاربكِ في الحياة ولا تنخدعي.

ک/ رحمة الشحات

سأكتب بقلمي عن حياتي التي أعيشُها، وعن أيامي كيف أمُر بها، سأكتب عن كُل مَا بِداخلي؛ لأنني أُريدُ أن أتحدث، ولا يوجد سوء في أن أكتب، لا أعرف كيف ستمُر هذهِ التجربة التي أخوضها الآن؟ ولا أعرف إلى أين ستأخُذني الحياة، لكنني واثقة بكل شيء فعلتُه، وبكل جهد بذلتهُ؛ لكي أصل لكل ما تعِبت لأجله، ولكي يرى الجميع أن لكل بداية نهاية فشل نجاح ووصول، ولكي يعرفوا أننا لم نُخلق علماء، ولكن خُلقنا؛ لكي نصل لما وصلوا إليه.

گ: مُنى كمال.

دائمًا ما أشعر كأنني فرع شجرة وحيد داخل صحراء جرداء لا يعلم ما الذي أتى بهِ إلى هنا، يحاول هذا الفرع أن يتحمل شدة الرياح التي تأتي من جميع الاتجاهات، يحاول ويظل يحاول ويكتشف أنه يتأرجح تارة وأخرى عكسها، وها هو باقٍ هكذا لا يثمر، ولا يدري من أين يثمر...

گ: مُنى كمال.

"حلمي لم يكن مستحيلًا"

مهما تعثرت الطرق وأُغلقت الأبواب في وجهي ويأس مني الجميع، فسأظل أثابر من أجل الوصول ولن أيأس أبدًا؛ لأن حلمي يستحق أن أحارب من أجلِه، ولأن اليأس هو قول الضُعفاء وأنا لم أكن ضعيفة لكي أستسلِم، وسأكمل طريقي إلى النهاية؛ لأن طريق النجاح صعب، ولكنَ نهاية الطريق وصولًا، وسأظل وراءَ حلمي؛ لأن حلمي لم يكن مستحيلًا.

ك: مـنـى كمال

أحيانًا يدور في ذهني كلمة... متى سيأتي اليوم السعيد؟ متى سيأتي النور على قلبي البائس؟ متى؟ وإلى متى سأظلُ هكذا؟ هل سأبقى هنا في نفس المكان الذي استيقظت فيه؟

لن أتحرك سوى أني أتمشى داخل هذا الكهف المظلم؟ ألن يأتِ ضوء الشمس ليضيء الطريق: لكي أتحرك خطوة إلى الأمام؟ هل هذا حقيقي... أنا خُلِقت لأكون هنا؟ أم أنا من وضع نفسهُ هنا؟!

ندم وأشد الندم بأن تكون الإجابة؛ هي أني أريد البقاء للأبد هنا.

گ: منى كمال

منذُ متى وأنتَ في مكانك ولم تتقدم في أي شيء؟

ماذا تنتظر؟

هل تظن أن الحياة ستعطيك ما تمنيت وأنتَ في مكانك؟

هل تظن أن العمر يتبقى بِهِ الكثير لتنتظر؟

عليكَ أن تتقدم للأمام ولو بخطوة، واترك الرياح تدفعك للقمة، ولا تستسلم.

گ: منى كمال.

ملاذي

ها هو الشتاء ينتهي وتوقفت السماء عن إنزال الثلوج، ورغم تقدمنا بالعمر إلا أن الحب ما زال يكبر بيننا، لن تتغير عاداتك بعد؟ في كل مرة أنتظر فيها عودتك إلى منزلنا الذي بنيناه بالحب تقوم بشراء الورد لي، لن تنسَ يومًا ذلك الأمر، أثبت لي بأن الحب لا ينتهي بمرور الزمن، بل يكبر يومًا بعد يوم، إذا أحب الشخص من قلبه أصبح قلبي وقلبك قلبًا واحدًا يعيش في جسدين، وروحي أيضًا ارتبطت بروحك، سأظل أحبك حتى الممات.

أميرة مجدي نيران الجحيم

ماذا لو عاد معتذرًا

عفوًا...؟ معتذرًا عن ماذا؟ عن جرح قلبي أم انكساره؟ أم معتذرًا عن دموع عيني ونزيف قلبي؟ يريد العودة بمجرد اعتذار؟ ألم يعلم بأنه لا مكان له في قلبي، وأن عقلي لم يعد يفكر به؟ لم أحبه يومًا، كان مجرد شيء أتسلى به، والآن وجدت حبي الحقيقي، فكيف لي أن أعود إلى سلعة رخيصة بعد أن وجدت الغالية، كم أنه غبي! لدرجة أنه يفكر بأن أسامحه وأنا لا أتذكره من الأساس، أنا التي تريد أن تعتذر منك؛ لأنني جعلت لك في يوم من الأيام قيمة بين البشر، يا إلهي كم أشفق عليك أيها اللعين!

أميرة مجدي نيران الجحيم

لعنة المسافات

كم أكره تلك المسافات التي تمنعني من أن أرتمي بين أحضانك وأشعر بالدفء والأمان، وتمنعني أيضًا من أن أنظر إلى عينيك، لا تزال رؤيتك هي هدفي الوحيد، ما زال قلبي يتطلع لرؤية عينيك وأسرح وأنا أنظر لهم وأخبرك عن مدى حبي لك، ومدى سعادتي عند رؤية صورة لك، ودقات قلبي التي تتسارع من مجرد صورة، فيكف ستكون إن رأيتك أمامي، أظن أن قلبي سيتوقف من شدة دقاته العالية، أود أن أقول لك بأنك لست حبيبي فقط، بل أنت حبيب قلبي وروحي، وأخي وسندي، وأبي.. أنت صديقي الذي يحمل أسراري، أنت كل شيء لي يا نبض شرياني، يا ليت المسافات لم تكن يومًا عائقًا بيننا.

أميرة مجدي نيران الجحيم

نبض فؤادي

أتعلم عزيزي... منذ أن رأيت عينيك أصبحت أسيرة لهما، وشفتيك ما أجملهما عند يخرج من بينهما الكلام، وصوتك تالله قلبي ينبض بسرعة عند النطق بأي حرف بصوتك العذب الذي جعل قلبي يشعر بالأمان، أحببتك... بل عشقتك ووقعت في غرامك، أتعلم يا نبض فؤادي إن ما في قلبي تعدى مرحلة الحب والعشق وجنون الحب، كم أعشق نظرة عينيك التي ينطلق منها الشرر عند نطقي لاسم أحد غيرك، كان وما زال حضنك أمان، وكلامك حنان، وصوتك به الأمان، أعشقك يا نبض الفؤاد.

أميرة مجدي نيران الجحيم

مُنير قلبي

منير أنت وأنرت قلبي بحبك، جئت أنت وكنت العوض لي عن كل حزن وألم مر على قلبي، أيا معشوقي أتعلم أن قلبي لقلبك عاشقًا؟ حتى وإن كان نصيبنا الفراق سيظل حبك في قلبي يكبر يومًا بعد يوم، تالله إنني أرى صورتك في وجوه البشر، وعندما أنظر إلى السماء أرى صفاء عينيك، يا معشوقي أحببتك لا أعرف كيف، ومتى؟ ولماذا؟ أحببت اهتمامك بي وخوفك عليّ، عشقتك بكل ما تحمل الكلمة من معنى، أتعلم... أنت الترياق لقلبي عندما يكون متعبًا، رغم أن قلبي لا يمكنه أن يكون متعبًا وأنت بجواره، أحببتك يا نبض فؤادي، يا من ينبض قلبي باسمك.

أميرة مجدي نيران الجحيم

العوض

تغمرك السعادة من كل جانب بعد أن ذبحتني عندما أحببت غيري أليس كذلك؟ أنا لن أعاتبك، ولكن قُل لي... لمَ جرحتني وأخذت روحي بعد أن وثقت بك وأحببتك؟ ما ذنب قلبي لتعذبه بخيانتك؟ أصبح قلبي غريبًا بسببك أنت، ولكني أود أن أشكرك؛ فلولا جرحك لي لم أكن لأجد العوض، ذلك الشخص الذي أنهى الحزن السرمدي الذي بداخلي، وأصبح فرحًا سرمديًا، عرفت معنى الحب والعشق معه، أنا لم أحبك يومًا، بل كنت مجرد شخص اهتم بي فترة وظننتُ أنني أحببته، ولكن هل لحب أن يُنسَى في يومين؟ أحمد الله أنه رزقني بشخص جعل قلبي مثل الوردة الحمراء، تلفت أنظار الجميع بجمالها.

أميرة مجدي نيران الجحيم

ضجيج قلب متألم

لا أعلم... هل الألم في قلبي أم في عقلي؟ وذلك الضجيج الذي يأكل رأسي كل ليلة، وتلك الأفكار التي تراودني، ألم قلبي السرمدي الذي لا ينتهي، ولن ينتهي حتى لو انتهت أيامي، كل هذا بسببك أنت، أنت الذي أسميته روحي وكنت السبب في تعب روحي وقلبي، تلك الأفكار الانتحارية التي أصبحت تأتي في رأسي دائمًا جعلتني ألعن الحب وألعن العشاق أيضًا، ليتني وجدت من يطعن قلبي بسكين قبل أن أراك أو أقع في غرامك.

گ: أميرة مجدي نيران الجحيم

قلب وحيد

أيا معشوقتي... لو تعلمين كيف أصبحت من بعد الفراق لبكيتِ على ما أصابني من بعدك، لأصابك الندم لجرحك لي، دعيني أقُل لكِ ما حدث، أتعلمين... أصبحت الوحدة محور حياتي، رغم تشبث قلبي بالبشر إلا أنني منزوٍ عن الجميع، وحيد أنا، مكتئب حزين، وتوجد لوعة في قلبي، أصبحت أهاب البشر وأخاف أن أجتمع بهم، كنتِ السبب في كسر قلبي، فقط سأسألكِ سؤالًا... هل ترضين لي بكل ما حدث؟

ك: أميرة مجدي نيران الجحيم

الحزن السرمدي

ما زال الحزن، الضغوطات، والألم، والذكريات تسيطر على قلبي وعقلي، أُهلِكَت رأسي من شدة التفكير رغم أن كل شيء مثل الآزفة، أصبحت منزويًا عن الجميع؛ حتى لا يتعلق قلبي بشخص أو بشيء فيغادرني، تركوا لمَ أعسان في قلبي وعقلي؟ لمَ؟ تالله إن رأسي سينفجر من شدة الألم والتفكير... ماذا أفعل؟ أقتم قلبي وسيظل هكذا إلى أن يتوقف عقلي عن التفكير؟

أميرة مجدي "نيران الجحيم"

أنين قلبي

كم كان قلبي نشبة؟ وأصبح يخاف الفراق بعد أن فقد روحه، كم أشتاق إليك يا فقيد روحي وقلبي! أصبح قلبي مُنزوٍ عن جميع من حوله منذ رحيلك، لِمَ أخذك الموت مني؟ تالله إن رحيلك عني مثل الحمل الوبيل على قلبي، ما زلت أتذكر أيامي معك، آخر كلمات قلتها لي، لو تعلم يا فقيد روحي كم أن رحيلك ترك بداخلي أعسان لبكيت على ما أمر به بدونك، يا لوعى قلبي ارحمي ضعفي واشتياقي له، أعلم تمام العلم بأنك تشعر بي، ولكن هل تشعر بالحيف الذي يحيط بي؟

أميرة مجدي نيران الجحيم

بعد سير طويل ها أنا ذا أقف أمام شبح منزل مليء بالغبار وخيوط العنكبوت، غارق في الظلمة ولكني ما زلت أرى ما به في وضوح، فجأة تعثرت قدمي فخررت راكعًا على ركبتي، وشعرت بثقل من الجبال تقبع فوقي، لا أستطيع النهوض ولا التقلب حتى، وكلما مر الوقت كلما زاد الثقل قربًا من قلبي.

ك/ هناء محمد عرفة " نور سين "

ضليل

أسير بدون هدى على طريق متعرج، يقطر مني ماء أسود يفتت الصخور أسفلي، يدور في رأسي آلاف من المعارك والأصوات، أتذكر كل ما ارتكبت، ويعاتبني ضميري فيما كان عليّ أن أفعل، كثيرًا ما ضربت رأسي في الصخر ولا يزدني هذا إلا سوء.

ك/ هناء محمد عرفة "نور سين"

فجأة وأنا في حال يرثى لها، نطق لساني كلمة اشتقت لها، رنين صوتها في أذني جعلني أجفل، تحرك لساني مرة أخرى وذكرها بصوت أعلى، قائلًا: يا رب، وبعدها عصفت دوامة من التفكير بعقلي، بما سأدعوه؟ فأنا بعيد منذ مدة، بعيد حتى اشتاق لساني لتلك الأحرف معًا.

ك/ هناء محمد عرفة " نور سين "

أملت رأسي للأرض ساجدًا وانفجرت دموعي، دموعًا دون حرقة قلب ودون تأثره حتى، صُدِمت وبكيت أكثر، هل غضب ربي عليّ لهذه الدرجة فأضحى قلبي حجرًا لا يشعر؟ أنَّ له ألَّا يتأثر، هل لا يريدني الله فرفع عني غطاء رحمته؟

ك/ هناء محمد عرفة "نور سين "

ظللت ساجدًا أبكي أردد: يا رب، أرددها بلساني وأصبح قلبي يبكي على حاله، وكلما زاد صمته جنّ عقلي أكثر، ولكني قررت أن أقاوم الثقل الذي أرهقني، وأن أباشر فعلًا تركته منذ زمن حتى أني أخشى أن أكون قد نسيت أركانه.

ك/ هناء محمد عرفة " نور سين"

ضربت كفيّ أرضًا ومسحت بهما يدي ووجهي وأكملت تيممي، وعانيت حتى وقفت وأنا أناجي ربي، أخيرًا اعتدلت وأعلنت نيتي في صلاة ركعتين طالبًا بهما التقرب لله، قاومت الثقل حتى أظل واقفًا دون ترنح، وأغمضت عيني وشرعت في صلاتي.

ك/ هناء محمد عرفة "نور

أردد أصغر آيات الله التي ما زالت محفورة في رأسي، وأبكي حسرة على ما كنت أحفظه وفر مني، ركعت وسجدت وأنهيت الركعتين، ثم نويت الصلاة حتى تطيب نفسي.

ك/ هناء محمد عرفة "نور سين"

اعتدلت وصليت كثيرًا، طال لقائي مع حبيبي الذي وكلما طال اللقاء كلما شعرت بشوقي إليه أكثر، ظللت أصلي وأنا لم أشعر بالخشوع الذي يخبروننا به، فأعلم أن نفسي لم تطب بعد.

ك/ هناء محمد عرفة " نور سين"

نسيت عدد ركعاتي، وغصت داخل أعماقي، أسبح داخل محيط من الراحة، لم أعرف متى تلاشي حِملي، ولا متى انكسر الحجر الذي بداخلي، انكسر معلنًا عن نبتة أخرى نابضة بالحياة.

ك/ هناء محمد عرفة "نور سين"

لم أعلم كم مر من الوقت ولا كم بكيت، ولكني حين فتحت عيني وجدتني في رحب أرض خضراء واسعة، تضربني النسمات الجميلة، وأشمُّ رائحة المسك تفوح، وأشعر بي أرفرف في الهواء كالطير، بعد أن كنت لا أستطيع أن أفارق الأرض من أحمالي، بعدما كنت أحسب أن الله تركني في ظُلماتي وغدا قلبي ينشد الأذكار في كل وقت بعدما كان حجرًا لا يتأثر بالسجود بين يدي الله، ها هو قلبي أصبح يشتهي قربه من ربه، (استغرقت رحلة شفائي زمنًا طويلًا، فلا تتعجل شفاء قلبك يا أيها الصديق، فقط ابدأ الآن).

ك/ هناء محمد عرفة "نور سين"

ك/ هناء محمد عرفة "نور سين"

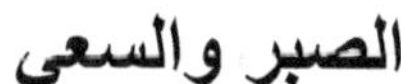

الصبر والسعي

إن اعتدت على أكل الصبار ستعتد على وجود الشوك في معدتك، هكذا هي الحياة... لن تتحمل متاعبها حتى تتذوق من مرارة العيش بها، لذا توقف عن الشكوى وارضَ بحياتك وفكر كيف تغيرها للأفضل، لا تجلس غاضبًا وتقول: أنا أكره حياتي، أنا لم أعد أتحمل، بل قِف وانهض من مكانك واعمل بجد حتى تصل إلى ما تريد وتحقق مرادك وغايتك، عليك أن تسعى وستجد نتيجة سعيك، وكن على يقين بأن الله يرى سعيك وسيجازيك خيرًا عليه، "وأن ليس للإنسان إلا ما سعى * وأن سعيه سوف يرى * ثم يجزاه الجزاء الأوفى"، ولكن عليك أن تروي غراس اليقين بماء الصبر حتى تجني ثمار النجاح...

الكاتبة/ منة محمد الحداد

السعي

كل منا بداخله طفل صغير يريد اللهو واللعب والضحك فقط، ولكن بداخلنا أيضًا إنسان ناضج يعرف أن الكسل عذر مريح ولكن عواقبه لا يرجوها أحد منا... ستشعر أنك قليل الشأن عندما ترى من حولك يصعدون قمم الجبال وأنت ما زلت في القاع... لا أطلب منك المستحيل، ولكن أريد منك أن تسعى فقط ولا تكترث للنتيجة أيًا تكن... فأنت في يدك السعي فقط فافعل ما بوسعك حتى لا تندم لاحقًا...

الكاتبة/ منة محمد الحداد

الكلمة الطيبة

في صغري كنت أعتقد أن لكل إنسان منا كمًّا معينًا من الكلمات التي ينطقها، وبعد انتهاء كلماته ستنتهي حياته، فكنت ألتزم الصمت لفترات طويلة... ولكن عندما كبرت عرفت أنني كنت مخطئة وأن الحياة لا تنتهي بانتهاء كلماتنا، بل إنها تبدأ حين نتكلم، حين ننطق، حين نعرف ما نقول "الكلمة نور وبعض الكلمات قبور"، هذا بالضبط ما عرفت أنه حقيقة، أننا بكلمة ربما نرسم بسمة على وجه أحدهم أو ربما نترك خنجرًا في قلبه، فالبعض لا ينام من شدة التفكير بسبب كلمة قلتها أنت قاصدًا كنت أو قلتها دون قصد... ففكر بما تتفوه حتى لا تكسر قلبًا بما يسمى سَمّ الكلام...

الكاتبة/ منة محمد الحداد

الثقة بالله

ثم ماذا؟

ثم إن الأحزان تتراكم في القلب، والعقل يتوقف عن التفكير، والإرهاق يحل بأجسادنا، والدموع تزداد لحظة بعد لحظة ونحن بمفردنا، لا وجود ليد تربت على كتفنا، ولا حضن نختبأ فيه من قسوة العالم... ثم يأتي ذلك الفرج الذي يكون على هيئة ابتسامة ربما أو خبرًا يجعلنا نسجد فرحًا ويخرجنا من أدنى بقاع الحزن إلى رحلة الفرح والجبر بعد الصبر...

فلا تحسب أن الله غافلًا عنك أو أنه لا يسمع بكاءك في جوف الليل وحيدًا، بل إنه فقط يريد أن يعطيك أجر صبرك على ما تمر به ويجبر قلبك بما يريد...

الكاتبة/ منة محمد الحداد

عدم الاستسلام

- في كل مرة أقع وأنهض أُكمل وأعافر، أُجازف ولا أستسلم... ولكن إلى متى؟

كفى... لقد تعبت ولم أعد أتحمل، والأمر بات مرهقًا وموجعًا... اختفت ابتسامتي، تغيرت ملامحي، أنظر إلى نفسي ولا أعرف من أكون... يبدو أنها نهاية الطريق، لقد اختفى النور من مستقبلي...

- - هل انتهيت؟ لقد أخرجت كل ما بداخلك والآن أنصت فقط...

لقد تحملت كثيرًا، وأعلم أن الدرب بات مظلمًا، واشتد عليك الألم، والليالي طالت، وضاقت عليك الأرض بما رحبت، ولكنك تحملت كل ذلك من قبل، هل تدري لِمَ تحملت؟ لأنك مميز ومختلف، ولأنك بطل قصتك...

عافرت؛ لأنك لم تنسَ حلمك، وأقسمت على الوصول... فأكمل واستعن بالله، واجعل شعارك "لا أبرح حتى أبلغ".

الكاتبة/ منة محمد الحداد

الحياة بكل معانيها

لحظة طال انتظارها

سيأتي ذلك اليوم الذي تحكي فيه قصتك بكل فخر أمام الجميع، وتحكي عن محاولاتك الفاشلة التي لطالما يأست منها ولكنك لم تستسلم... غدًا ستشكر نفسك؛ لأنك لم تستسلم... ستكون بطل قصتك التي سترويها وبسمة النصر على وجهك... يومًا ما ستقف أمام حلمك رافعًا رأسك وستقول ها قد جعلها ربي حقًا، يومًا ما ستدرك أن فرحة يوسف الصديق بلقاء أبيه جاءت إليك أيضًا؛ فأنت لا يليق الحزن بقلبك الوردي... رغم أن دموعك غالية ولكن سترى كيف ستكون دموع فرحة يومًا ما...

الكاتبة/ منة محمد الحداد

القلوب الطيبة

وكأن نسمات الهواء تداعب وجهي فتتطاير الدموع الحزينة من على خدي الذي أصبح كالوسادة الدافئة لدمعي الحزين، هؤلاء هم أصحاب القلوب الطيبة التي أرهقتها الحياة، تجدهم يبكون من أبسط الأمور ويبتسمون من أقل شيء فالسلام على قلوبهم حتى تستكين وتطمئن وتطيب ما بداخلها من جروح...

الكاتبة/ منة محمد الحداد

إنه ذاك الحلم الذي لطالما طال انتظاره، ولكنني لم أعد أريد أن أكمل، لا أريد أن أعافر، فقدت شغفي ولا أريد شيئًا سوى ركن هادئ أبكي فيه دون أن يراني أحدًا، مكان أرتاح فيه من ضجيج العالم، مكان أوقف فيه تلك النيران المشتعلة بداخلي، والحرب التي لا تنتهي، والصراع الذي يزداد يومًا بعد يوم، ويمضي الوقت دون أن أشعر... ثم أخرج للعالم مبتسمًا وقويًا كعادتي، فالحل ليس في الاستسلام، فأنا على يقين بأن هنالك الكثير ينتظرون سقوطي وانكساري، ولكن هذا محال؛ فأنا سأظل المحارب القوي مهما زادت الحروب واشتدت عليّ المصاعب.

الكاتبة/ منة محمد الحداد

أجل أتذكرها... تلك الدموع التي حبستها بس رموش عينيّ، وتلك التنهيدة الحزينة التي كتمتها، وتلك الملامح البائسة التي حاولت تغيير رسمها ولكن لا جدوى؛ فأنا ما زلت أعيش في عالم ضيق مظلم، لا يغادر الحزن عالمي ولا أعرف للفرح سبيلًا... ربما هذا ما كنت أظنه من قبل، ولكن نضج الطفل وأصبح مقبلًا على الحياة بعدما فهم أنها لن تدوم، وهذا الحزن هو شيء مؤقت في حياة كل منا، ستنمو أزهار الفرح بداخلك من جديد، وتذكر أن الله يلقي الزهور في حياتك، ربما على هيئة طفل تراه فتبتسم له فتنسى همك في لحظة وتعود طفلًا من جديد...

الكاتبة/ منة محمد الحداد

الذين أرهقتهم الحياة

أتدري... هؤلاء الذين يبحثون عن سبب ما حتى يتحدثوا لك لمجرد أن حديثك يريح قلوبهم، أو هؤلاء الذين يقولون لك إنك ملجؤهم الوحيد وأنهم لا يتحدثون مع أحد سواك، أو هؤلاء الذين يخرجون ما بداخلهم من حزن وألم معك فقط؛ لأنك في أعينهم كالبلسم، ويرون فيك أجمل الصفات، إياك أن تخذلهم أو تحزنهم أو تتخلى عنهم، فهم قد بحثوا عن المسكن الدافئ ووجدوه عندك، فكن أنت الركن الهادئ والذكرى الطيبة في حياتهم...

الكاتبة/ منة محمد الحداد

فهمت عندما رأيت عينك، فهمت أن الإنسان يدرك وقوعه فالحب عندما يرى عين أحدهم من بين مليارات البشر، تكون هناك عينان تنتميان له، وعندما يصادفها يقول: هذه لي

الكاتبة: نُسيبة كمال

ما رأيك أن نتشارك الحديث، وكوبًا من القهوة، وبعض من النظرات اللافتة لقلبي وليس لعينيّ فقط، وتُجاوب عن سؤالي...؟

كيف لقمر مثلك أن يكون بجواري الآن؟

الكاتبة: نُسيبة كمال

الكاتبة: نُسيبة كمال

لا زال الضباب يحول بين عقلي وقلبي، لا زلت لا أفهم ما أمر به؛ ربما حزن أو اكتئاب، ربما حيرة أو دعوة أحدهم ذات ليلة رآني مبتسمًا فقال: لماذا هو؟ وأنا لا زلت أحاول التعافي من أمور لم أبُح بها لأحد...

الكاتبة: نُسيبة كمال

منذ ذلك اليوم الذي نظرت إليّ فيه عندما هربت مني كلماتي، وكانت نبضاتي تتسارع وابتسامتي لا تغادر وجهي، أكل هذا من نظرة؟ فماذا سيكون حالي لو كان لقاء؟

الكاتبة: نُسيبة كمال

لا أجيد الحديث المفرط الذي يوقعك في حبي، ولا أضع مساحيق للجمال؛ لألفت انتباه أحدهم، ولا أشغل عقلي بقرب أحد أو ابتعاده، أنا شخص وحيد تمامًا، فأي فكرة ستضعها في عقلك عني سأكون مختلفًا عنها... ربما للأسوأ، ولكن أنا هكذا دومًا... صامتًا طوال الوقت

الكاتبة: نُسيبة كمال

الساعة الآن الواحدة إلا ربع

في هذا الوقت تحديدًا تتكاثر الأحزان على قلبي، أذهب إلى فراشي مستلقية أبحث عن السلام بين زوايا عقلي ولا أجده، النوم يتلاشى تدريجيًا يأتي اليأس والحنين وإحساس الوحدة الدائم، أود محادثة وسادتي قليلًا عما جرى في يومي، ولكن لا شيء داخل عقلي سليم، أفكاري تؤشر بالسلبيات، أحزاني تزداد، ألم رأسي يزيد، أغلقت عينيّ؛ لكي أخلد إلى النوم، أصبحت كالشلال في البكاء، كل ما بي يقول: اشتقت لك.

الكاتبة: نُسيبة كمال

دائمًا أشعر أني لا أنتمي إلى هذا المكان، دائمًا أرى بأني مختلفًا ولست مميزًا مثل ذاك الذي غادره كل أحبابه، حتى ظله لا يراه بجانبه، أشعر بكثرة الحديث داخلي، ولكني صامت لا أحب الضجيج، أشعر وكأن العالم اجتمع على حزني، بداخلي فوضى لم أسمح لأحد أن يرتبها، اختصارًا لكل هذا... أنا تائه جدًا.

الكاتبة: نُسيبة كمال

الشخص الجالس أمامي... الشارد الآن في هاتفه... تأكد بأنك لشخص ما مصدر سعادته، تأقلم مع حزنك، عِش مع ألمك وكأنه رفيق لك، تعود أن لكل شيء انتهاء حتى الحياة، انظر حولك لعل شيئًا ما ينتظرك ويريد أن تنظر إليه، هذا الشيء هو أنا.

الكاتبة: نُسيبة كمال

كانت تقول

كنت أراه من بعيد حتى أحببته، وكنت أشاهده ككرتون مفضل لطفل لا يهدأ إلا إذا رآه.

الكاتبة: نُسيبة كمال

كيف حالك وأنت تحاول إظهار الأمر عاديًا بينما لم يكن عاديًا في قلبك أبدًا؟

لا زال الأمر يؤلم وكأنه يتجدد كل يوم.

الكاتبة: نُسيبة كمال

الحياة بكل معانيها

ما سبب غيابك؟

لماذا لم تراسلني؟ لقد كنت قلقًا عليك جدًا.

كنت منشغلًا قليلًا

كان لدى بعض الأشياء لأنهيها...

لم أكن أنا ضمن أشيائك يومًا

وأنت كنت كل أشيائي

لم أكن شخصًا مفضلًا عِندك، وأنت كنت المفضل لدي

كنت أفرغ نفسي دومًا لأسمعك،

لأبقى معك دومًا، لأخفف عنك

لم تكن يومًا تسمعني، لم تكن

تريد البقاء، كنت تريد الرحيل

ولكني لم أفهم؛ لأني أحببتك

في أول حديثك معي قلت: إن

لديك بضع من الأشياء تنهيها

لم أكن أعلم أنني من ضمنهم.

الكاتبة: نُسيبة كمال

دلّلني وكأنني طفلتك

عاملني بحب، أكد لي دومًا بأني فتاتك المميزة

فأني أنثى تعشق الاهتمام، وخصيصًا ممن تحب.

الكاتبة: نُسيبة كمال

عندما سألوا كاتبًا عند مدى فرحته بكتاباته التي يوصف بها في كل العالم، قال بنبرة حزن:

يا ليتني أستطيع أن أعبر عما بداخلي مثلما أفعل مع البعض في الكتابة.

الذي يوجد بداخلي لا يُشرح... يُبكى فقط.

الكاتبة: نُسيبة كمال

حين تمر بجانبي أشعر وكأن الطقس قد تغير، فباتت السماء تمطر بداخلي سعادة.

الكاتبة: نُسيبة كمال

هو لا يبتسم لأي شيء كان، ولكن إذا فعل تفتتح الورود وكأنه موسم الربيع.

الكاتبة: نُسيبة كمال

لَن أنسَ أنك جعلتني أشعر بأنني هُنت إلى هذا الحد، حين تذكرت ما فعلته بقلبي بكيت ألمًا وندمًا على ما صنعت معك؛ كنت أمشي إليك بكل طرق المحبة والأمان، وحين خُذِلت تفقدت كل شيء حتى روحي، روحي انطأفت، قلبي كاد يترك العالم كله، ثم انعزل بعيدًا، وكلما هربت مع نفسي تردد في قلبي: لِمَ جمعتنا الصدف ما دام النصيب ليس لنا.

حسن شحاته

كم كان مؤلمًا عندما دفعت كل الناس من أمامي؛ لكي أمشي تجاهك دون عثرات، ولما وصلت لك تجنبتني، ثم تركتني وتركت لي جرحًا لا يعلمه غيرك، وماذا عن قلبي الذي باع الجميع من أجلك؟ وأنت جرحتني وكسرتني بكل الطرق.

حسن شحاته

إنها إحدى الليالي التي يشعر فيها المرء أن قفصه الصدري لا يَسع قلبه لشدة خفقانه خوفًا وفزعًا، حزنًا وعجزًا وحسرة، ويا ألف آه على ذلك الشعور يومها، لقد اسودَّ في وجهي كل شيء، دخلت غرفتي ونظرت إلى ذلك الطفل الصغير الذي كان يضحك ويلعب، رأيته في حالة لا وصف لها؛ ضيق في الصدر، واختناق وبكاء لا يوصف، وماذا عن ذلك الطفل الصغير الذي لا يجد روحه إلا في تلك اللحظة؟

حسن شحاته

لا أعلم عنه شيئًا، ولكنني لم أستطع نسيانه، حين ودعتك كان قلبي ينتفض بالبكاء، وحينها أظلم في وجهي كل شيء، لكن لا أعلم ماذا فعلت أنا كي تفعل بي هكذا، تركتِ لي جرحًا كبيرًا صعبًا جدًا، أصعب من أن يداويه أحد.

حسـن شحاته

لقد تحولت الأيام ليوم واحد، تتكرر بشكل باهت وممل، تأتي بوجه كالح معدومة المعالم، وخالية من الطعم واللون، والرائحة، منذ أمد فقدت الرغبة بالتفاعل معها، ولم أعد أترقب يومي المنشود؛ ذلك اليوم الذي سأصير شيئًا ما -ربما حجرًا أو شجرة-، منذ أمد تأتي الأيام بلا رغبة وكأنها مغصوبة على القدوم.

حسن شحاته

الاحترام

لا تتأسف على احترامك وخدمتك وطيبتك... ولا تحزن إذا لم يقدر أحد طيبتك... فطيور تغرد كل يوم ولا أحد يشكرها ومع هذا فإنها تستمر بالتغريد... نظرة الناس لك تختلف؛ فهناك من يراك سيئًا، وآخر يراك جيدًا، وآخر يراك رائعًا، وآخر لا يراك شيئًا، ووحده الله -تعالى- من يراك على حقيقتك... فاجعل الله -تعالى- هو همك ومرادك ومقصدك.

گ/ ولاء محمد (الطائرة الحزينة)

الوحدة

ما هي الوحدة؟ أتعني أن يكون الشخص بلا عائلة أو أصدقاء؟ لالا...
هذه ليست الوحدة، فأنا أكثر شخص يمكنه أن يُعرّف الوحدة.

الوحدة: تعني أن تجلس بين عائلتك وأصدقائك، وإخوتك وأحبائك لكن لا أحد يشعر بك ولا يهتم بك، تجلس وحيدًا تبكي ولا أحد يراك، تصرخ ولا أحد يسمعك، تحزن ولا أحد يبقى بجانبك، يقولون أشياء تزعجك وتحزنك، لا أحد يهتم لمشاعرك، يجعلونك تشعر وكأنك غريب عنهم ولا معنى لوجودك في حياتهم، ولا يشكل أي فرق في حياتهم إذا كنت موجودًا أم لا، إلى أنك تفعل كل ما تستطيع؛ لكي يرونك، ورغم كل هذا يتجاهلونك ولا يكلمونك، ويقصون عليك في الكلام، يريدونك أن تصبح مثلهم فتضطر إلى أن تتجاهلهم وتذهب إلى الحياة الافتراضية، تجد هناك كل ما تبحث عنه من الحنان، والأشخاص الذين يسمعونك ويكلمونك يهتمون بك، عندما تبكي وتحزن يساعدونك ولا يقصون عليك ولا يشعروك أنك غريب عنهم، يجعلونك تشعر براحة ولا يتجاهلونك وتكون معهم على حقيقتك، فتصبح الحياة الافتراضية أفضل من الحياة الواقعية.

هذه هي الوحدة

ك/ ولاء محمد (الطائرة الحزينة)

الأمل

الأمل: في فترة من الفترات يجتمع عليك كل شيء؛ خيبات الحظ، تحطيم أحلامك، تعبك الجسدي، ذكرياتك المُرة فصبرُ جميل والله المستعان.

ﮔ/ ولاء محمد (الطائرة الحزينة)

احترام الذات

من أشكال احترام الذات أنك تبتعد عن أي شخص لا يعرف قيمتك ولا يقدرك، ولا يعرف ما مدى أهميتك في حياته أبدًا، فابتعد عنه مهما كان هذا الشخص، ومهما كانت العلاقة التي تربطك به.

ﮔ/ ولاء محمد (الطائرة الحزينة)

اخترت الاختلاف؛ لأني جربت أن أكون في وسط الأصدقاء والرفقة ولم أربح شيئًا، دعوني الآن أجرب شعور الوحدة، وأكون وحدي طوال الطريق، وكنت حقًا على حق، وجدت حالي أميرة ألمع في الظلام وحدي كما القمر تمامًا، وفي النهار زهرة وحيدة في بستان جميل لا ورود حولها... فقط هي، ورغم ذلك ملأت البستان برائحة عطري النادرة، بملمس رقيق كملامحها وشكلها، وهيئتها التي يملؤها رونق براق، كل ذلك وحدها لا أحد بجوارها، ولم تخسر ولم تندم ولم تتعثر في وسط الطريق، بل ثابرت واستطاعت، وأصبحت وأمست وحدها، برونقها الجميل اكتسبت ولم تخسر؛ فهي نادرة ولا شبيه لها، ولا سواها فتاة القمر.

گ/ دعاء عاطف (فتاة القمر)

اختار الجميع أن يشاركوا أحزانهم مع رفيق ما، بل واختاروا لهم رفيقًا للأيام رغم عدم صدقه 100% مع بعضهم، اختاروا رفيقًا لكل ما يفعلونه؛ ليشاركهم في الضحك والابتسامة، واللهو واللعب، والبكاء والحزن أيضًا، يساندون بعضهم البعض، منهم المخلص ومنهم الخائن، اختاروا طريق الرفقاء حتى لا تسيطر عليه الوحدة، بينما هنا أنا اخترت أن أكون وحيدًا اخترت أن أبتعد عن كل الرفقاء؛ ففي يوم كنت بجانب الرفقة ولم يُبني منهم سوى السوء والخذلان، فبقيت هنا وحدي، اخترت طريق الوحدة لأسلكه بمفردي، فطالما لم أُصَب بأذى من أحدهم، حتمًا سأكون بخير، لهذا اخترت أن أكون مختلفة عنهم.

ک/ دعاء عاطف (فتاة القمر)

حينما أدركت أن كل ما كنت أحلم به وأتمناه طوال الوقت انهدم وتحطم وتلاشى، وعندما أدركت كل تلك الهزائم وأدركتها بعقلي الذي كاد أن ينفلق وينفجر، كان بوقتها أقصى آمالي وطموحي وأمنياتي أن أبكي... أبكي فقط كنت أتمنى حقًا أن أذرف ولو دمعة واحدة فقط؛ لأني هلكت ويأست من التماسك؛ لأن ابتلاعي لكل تلك الهزائم يؤذيني أكثر من ذاك الأذى الذي مسني بقوة، كنت أتمنى أقل شيء يمكن الحصول عليه في هذا العالم القاسي، وهو البكاء والصراخ بأعلى صوت، لكن للأسف حتى تلك الأمنية لم أحصل عليها، مكثت مكاني في ذلك الصمت اللعين الذي يمكن بقوته أن يدمر العالم بأسره، صمت أخشى أن أقول إنه يؤذي أكثر من البكاء والصراخ؛ إنه الكتمان سيد كل الأمراض العقلية والنفسية والجسدية كل ذلك يأتي بسبب بُعبع يدعى الصمت... عليه اللعنة.

ك/ دعاء عاطف (فتاة القمر)

صديقتي العزيزة إلى قلبي، صديقة روحي ورفيقة أيامي الماضية والحاضرة والقادمة، صديقتي التي تملأ مكانًا بقلبي، أختي القريبة التي لم تلدها والدتي، فكيف لي أن أسمح للدنيا بأن تهفو بكِ مجرد هفوة؟ وكيف لي أن أتركك في يوم ما وأنتِ عطر أنفاسي وسندي في هذه الحياة القاسية؟ لمن أذهب إذًا أقول له بأني أريد آكل قطعة توست بجانبها دجاجة وخليط من الطعام والمشروبات الغريبة، وبضحكة ترد قائلة: أوامرك يا عزيزتي، كما تريدين سأفعل، وفجأة أجدكِ تقفزين من فوقي صارخة في وجهي، ونتبادل الضربات ونحن نقهقه ضاحكين من أشكالنا المضحكة أمام بعضنا...

إنها صديقتي التي أعطتني إياها الدنيا من بين كل تلك البشرية، وسأظل أحافظ عليها دومًا بين أضلعي وفي قلبي.

گ/ دعاء عاطف (فتاة القمر)

امبارح كنت بحلم حلم جميل بس دلوقتي خلص؛ لأني للأسف صحيت، لكن يا ترى هل بكرة فيه جديد...؟ فيه حكاية تتحكي على المدي البعيد؟ حكاية تفضل من بعدي سنين وسنين؟ ممكن يحصل ومش مستحيل، جايز يبقى وجايز أكيد، امبارح كنت بحلم، كنت طير في عالمنا بطير لأبعد مدى، لكن ازاي...؟ أنا بصيت عرفت إن الأحلام بقت في النهاية كلام، وظهر في الحقيقة إني أسيرة الأيام...

سرحت أنا شوية في خيالي عن أحلامي اللي عايشة فيها بكل حرية، وكنت دايمًا قوية، منا حلمي مش حاجة عادية، دا المفضل في الدنيا ديا، مهو حلمي وأنا اللي حبيته، وكنت بيه تاج في السما بيلمع وبريح الهوا بيسرح، أصل أنا حبيت حلمي ومشيت عشانه سنين، وحكيت عنه كتير، وصبرت عشانه كتير، وحبيته حب كبير، أصلي بحب حلمي دا... حلمي دا مكنش عادي، حلمي دا كان فوق وعالي لكن الواقع غيَّر، ودا اللي اتضح إنه عادي، فوقت وقتها وعرفت إنه مجرد وهم في خيالي.

گ / دعاء عاطف (فتاة القمر)

منذ زمن طويل للغاية أتذكر بأني كنت بملامح غير تلك التي أنا عليها الآن، كانت ملامحي هادئة ومزهرة وصافية من أي شوائب، كما كان قلبي وروحي وجسدي...

ولكن الآن الأمر ليس كما كان سابقًا، أنا الآن فتاة دون ملامح مزهرة كما في السابق، ملامح من شدة الحزن الغارق عليها كادت تصبح ممحية وليست ظاهرة إطلاقًا، ملامح مشوشة من الحزن العارم والكتمان...

كل التقلبات التي تنتج من الحزن والاكتئاب دون استثناء باتت تظهر وبشكل ملحوظ على وجهي

ف تبًا للكتمان؛ فإنه يقتلنا آلاف المرات.

گ/ دعاء عاطف (فتاة القمر)

كنت أتعامل معكم بكل صدق، بكل حب، بكل لطافة، بكل طيبة، بكل صراحة، بكل عفوية وحنية...

ولكن المقابل لم يكن سوى سوء رد فعل، لم يكن لقلبي المخلص لكم أن يراه حتى لو على سبيل الخيال والأحلام الافتراضية...

هنا الواقع الذي عرفتكم فيه على حقيقتكم السوداء التي قتلت حبي وإخلاصي لكم طوال الوقت، فلم أرَ منكم إلا سوء النوايا والكراهية والحقد، فليتني لم أقسم على صداقتنا يومًا.

عن غدر الأصدقاء أتحدث.

** گ/ دعاء عاطف (فتاة القمر)**

كان يجب عليّ أن أتعافى منذ زمن من تلك الجروح التي أنهكت الروح تعبًا، كان عليّ أن أجعل تلك الكسور تلتئم، ما كان يجب عليّ إهمالها حتى وصلت لمرحلة أن الوجع أصبح جزء لا يتجزأ مني ومن قلبي، ومن عقلي الذي ظل يتألم من أولئك البشر الذين كنت من فرط حبي لهم وكأنني أعيش لهم وليس لي أنا...

وكأني أعمل لديهم خادمة بالحب وفرط المشاعر الطيبة، فكان عليّ منذ البداية أن أعيش لنفسي وأضعها في المقدمة وليس المؤخرة كما فعلت سابقًا، لكن لا... لن أفعل ذلك مرة أخرى فلم يُبنني منهم سوى إنكار الجميل، فهذا يا أعزائي قانون البشر الحالي.

گ/ دعاء عاطف (فتاة القمر)

لم أكن أنا أبدًا من بدأ بالابتعاد والجفاء والفراق... ولم أكن أنا الجانب السيئ أبدًا، لم أكن أنا التي رد فعلها عنيفًا وقاسيًا رغم حُنو الطرف الآخر... لم أكن أنا المخادعة والكاذبة، لم أكن كذلك أبدًا، هم من كانوا يفعلون كل تلك الدناءة... وأجلس أنا الآن أكتب ما فعلوه بي، وكيف حطموني كرماد مساوٍ للأرض، لكني لم أعرف كيف أكتب، وباتت أحباري تسيل على تلك الأوراق البيضاء حتى تلوثت بسببهم، كما فعلوا بقلبي أيضًا.

گ/ دعاء عاطف (فتاة القمر)

الأيام وحدها تشهد بما كنت أفعل لهم، دومًا أستنزف طاقتي من أجلهم ولا يهمني، كنت أحبهم حبًا عميقًا، وكنت أستخدم حبي لهم في تجديد طاقتي، وكنت أقدم لهم كل الطاقة التي لدي دون تردد أو رفض، على عكسهم؛ كانوا يقتربون مني فقط من أجل احتياجهم لأشياء أخرى لا تعنيني، لذلك كنت أتغاضى عن ذلك الفعل رغم دناءته ووحشيته، من أجل حبي لهم كنت أتناسى ردود الفعل القاسية، كنت أقدر كل شخصية منهم وكيفية تعاملها، لكن صدقوني لم أجد بشريًا واحدًا فقط تقدم خطوة لمعرفة ماذا أريد أو بماذا أشعر أو ماذا يحدث لي في أيامي العابثة هذه... فصدقوني... علمت أن تلك الحياة هي مجرد هزائم وخسائر لا تستحق أن نحرق لها جهدًا ولو كان واحدًا بالمائة إطلاقًا، كان يجب أن نشغل أنفسنا بأنفسنا وبآخرتنا.

گ/ دعاء عاطف (فتاة القمر)

الحياة بكل معانيها

كنا في الصغر دومًا نتمنى أن نستيقظ في الغد ونحن كبار القامة والسن؛ كي نتحرر من أشياء كانت تبدو لنا أنها الأسوأ على الإطلاق، لكن في الحقيقة عندما مرت بنا الأيام والسنين عرفنا حق المعرفة أن الحياة ليست كما كنا نراها بذلك الجمال، حين كنا ذوات بشرة ناعمة، وقلبًا صافيًا أبيض كبياض الثلج... عرفنا أنه كان علينا أن نعيش أيام طفولتنا للأبد، لكنها الحياة يا سادة.

ك/ عفراء محمد أمين

وكان كل شيء يبدو في يوم من الأيام على ما يرام، وكانت الأوضاع هادئة مستقرة تمامًا، وكانت الأنفس صافية، والقلوب بلا استثناء بيضاء، وكان الجميع طيبين، وكانت الأيام طويلة ومليئة بالحب والطمأنينة، وكانت الشوارع ليست مزدحمة بهذا المنظر الآن... كان كل شيء هادئًا، كان هناك تواصل كما الآن وربما أكثر؛ لكن كان التواصل روحانيًا بالقلوب والإحساس، والزيارات المتعددة، والأحاديث اللطيفة وكلمات الحب والطيبة المتداولة بين الرفاق والعائلة... كانت الأيام أجمل بكثير، ليست كأيام الزمن الحالي، فإني أشعر بضياع زماني.

ك/ عفراء محمد أمين

يظننون بأني فتاة من السهل السيطرة عليها، ويعتقدون أنهم حين يتآمرون ويقسون عليّ بأني سأتسلم لهم وأخضع ذليلة لهم... لا وربي لن أفعل ذلك، سأبقى حرة وفي نفس الوقت صعبة المنال، أنا لست أمة لأحد، أنا أمة الله فقط، لن يكسرني حزن ولن يصِبني يأس في حياتي ما دُمت أتوكل على الله ربي ورب كل الناس، وكما خلق الله لكل شخص عقلًا وقوة فأنا أيضًا لدي، لكني لن أقسو على أحد في هذا العالم القاسي.

ك/ عفراء محمد أمين

الجلسة دومًا كانت تبدو جميلة، وهناك كلمات تُقال بكل حب تجعلنا نضحك سويًا، كانت هناك اعترافات تُقال، وتتقبل بكل حب أيضًا، وكان هناك من يحتوي بداخل صميم قلبه الآخر، ولا يقسو عليه مهما قست الدنيا علينا، كان منا من يهب الاحترام والاستماع للكلام كما يُقال كأنه أمر، وكانت حياتنا تسير على ما يرام، لكن الآن فلا يتم ذلك؛ فقد وقع علينا الفراق، وما جعلني مكسورة بقسوة هو أن الطرف الذي كان يفعل كل ما ذكرته هو أنا وليس من كنت أقدم له كل إخلاصي، لكن تُركت كما لو أني هفوة، لم يمضِ عليّ ولو وهلة... فشكرًا لكِ يا أيامي على ما قدمتِه لي.

ك/ عفراء محمد أمين

مليئة الحياة بكل المعاني الجميلة واللطيفة، وإن بحثنا جيدًا سنجد كل ما نريد، فكيفما نجد أشياء قاسية إلى حد الأوجاع المنهكة والمتعبة أيضًا، نجد فيها أشياء عديدة لا حدود لها، كفيلة بترميم الهشاشة التي بداخل أرواحنا التي حدثت على مر السنين، هناك ساعات نستطيع أن نعيشها بكل حب ولطف، نساعد بها أنفسنا على التعافي من خيبات الأيام، وكسورها وقسوتها علينا، فلذلك لا تجعل الأمور معقدة كما تفكر.

ك/ عفراء محمد أمين

وعن الحياة...

وما معنى الحياة...؟

هل تكمن الحياة في السعادة؟

أم في علم صحيح وإفادة؟

أم في فرض سليم وعبادة؟

أم في كرم المرء وجواده؟

أم أن الحياة تكمن في السلطة والسيادة؟

أم في جمع العلم وزرعه وحصاده؟

سؤال عجيب وليس لهُ إجابة كالعادة!

ك/ محمود عزام

أنت لم تفهم يا صديقي...

أنت لم تدرك أن الحياة إذا أرادت أن تعطيك درسًا

فإنه لا يمر مرور الكرام...

بل تجعلك ترى بأم عينك أقنعة تتساقط كما تتساقط أوراق الأشجار، وهذا يجعلك تأخذ بعض الوقت لتحاول الاستيعاب، وكي ترى بشاعة الوجه الحقيقي لذلك الشخص، ففي الحياة دروسًا ومفاجآت...

وختامًا اعلم أنه يوجد حزن لا يُذكر، وخذلان لا يُغتفر...

ك/ محمود عزام

الحياة بكل معانيها

وكأنك أنرت مكانًا كان معتمًا، فأضاء بنورك ووجودك

كأنك أعدت روحًا من وسط الموت

كأنك وهبت حياة جديدة لروحي

كأنك رويتني من ظمأ الدنيا كوردة مزهرة بعد سِقايتها الماء، كما أسقيتني أنت الحب...

كأنك جنة من الجنان

كأنك الوحيد بكوكبي

أحبك حبًا كأنك أنا

فليتك تعلم كم لقلبك من حب في قلبي

صدقني لو علمت لوضعتني بصميم قلبك وبكل عناية تعتني بي.

ك/ محمود عزام

كانت جالسة في صمت، هناك أشياء عديدة بداخلها تجعلها تتوتر بشدة وتخاف من كل شيء بداخلها، تجلس وحدها في خوف وفزع، وقلق شديد من كل ما تراه في تلك الدنيا العابثة فجاءها إنسان طيب القلب أبيض كبياض الثلج، وقد جعل القلق وغيره من المشاعر السيئة تتركها وتتبدل إلى مشاعر إيجابية، هي فقط كأنها كانت بانتظار كلمة مواساة أو لطف كهذا الكلام...

فأثر الكلمة الطيبة على الإنسان كبير جدًا، فبارك الله في كل من وهب كلمات الحنان والحب وغيرها.

ك/ محمود عزام

لا تَرَني إلا كيفما أريد، حتى وإن كنت أتمزق وجعًا وأنكسر في كل دقيقة وتلتوي شرايين جسدي كالمسموم، وإن اشتد ألم الوغزات التي كانت تصعقها عليّ الدنيا، أنا هنا... لا زلت أقف كما تراني صلبًا، وجسدي ما به ألم، فقط تلك الهالات السوداء ليست من السهر أو الحزن لا يا صديقي... هي فقط من القهوة التي أمست صديقة الليل، معي دائمًا لكنها تركت أثرها، وأعلم أنه سيمضي وقتًا قليلًا وستختفي... الأهم هنا أني سأظهر لك بكامل قوتي وطاقتي.

ك/ محمود عزام

التوتر مع الإيجابية

الإيجابية هي كلمة عميقة، لكن النّاس تظن أن الإيجابية هي كلمة عادية، ولكن لا يَعرفون أنها ليست كلمة تُقال، بل هي تظهر على الأشخاصِ في أوقات التوتر، وهي تُعد مِن أهم المواصفاتِ التي يَجب أن تَكون في شخصيات بعض الناس، ويجب أن يكون الإنسان مؤمنًا بها؛ لأن الإيمان هو ما يؤدي للإيجابية، كما قال الله تعالى: (لا تدري لعل الله يُحدث بعد ذلك أمرًا) وهذا يدل على أن الإيجابية مِن الإيمان، والإيجابية تُعتبر من أهم العوامل التي تؤدي إلى النجاح، ومهما كانت المشكلة، فعلينا أن نُحسن الظن، وتتفاءل بأنكَ تستطيع أن تجد حلًا لكل هذه المشكلات ونتجاوز الصعوبات، وأنكَ ستنجح في حياتك، وأنكَ ستحقق أحلامك وأهدافك.

للكاتبة: جواهر أيمن

الخوف من الخطأ

الكثير من الناس يخافون من أن يختاروا أو يفعلوا شيئًا خاطئًا، وبسبب ذلك يصعب عليهم الاختيار ويتوترون عندما يواجهون الاختيار، ولكن لا يعرفون أنهم يحبسون أنفسهم ويضيّعون فرصًا كثيرة كانوا أن يمكن أن يعيشوها وتكون من أجمل اللحظات التي يمكن أن يعيشوها، ولكن بسبب خوفهم يضيعون تلك الفرص ولا يعرفون أيضًا أن الشيء الخاطئ هو ألا تخطأ، إذا وجدت نفسك لا تخطئ اعلم أنك تضيع فرصًا كثيرة أيضًا؛ لأن الأخطاء تعطيك فرصًا لتتعلم منها، وأيضًا تعطيك خبرة واسعة في الحياة، والأشخاص الذين يظنون أنهم لن يخطئوا أبدًا... هؤلاء الأشخاص هم أكثر الناس ارتكابًا للأخطاء؛ لأنه لا يوجد إنسان يعيش حياة طبيعية أو غير طبيعية دون أن يخطأ، إذًا علينا ألا نخاف من الأخطاء، وعلينا أيضًا أن نتعلم؛ لأننا لن نتعلم دون أن نخطأ، وتذكر دائمًا أن الشخص الناجح هو الذي يتعلم من أخطائه.

الكاتبة: جواهر أيمن

لا تستسلم

الحياة مليئة بالتحديات الصعبة، التي تحول الأشخاص من أشخاص عاديين إلى أشخاص محاربين؛ لأن الحياة معركة، والإنسان هو الجندي، ولكن تختلف الأسباب؛ لأن كل شخص يُحارب من أجل شيء مختلف، وأيضًا يوجد بعض الأشخاص الذين يقولون: إن الحياة قدر ولن نحارب، ويستسلمون بسهولة، ويوجد أشخاص آخرون يقولون: إننا نستطيع أن نربح هذه المعركة، ولكن أيضًا لا يعرفون أنهم يحاربون أنفسهم، وأن الحياة حربًا لا تنتهي إلا بعد موتك، وهؤلاء الأشخاص تفكيرهم خاطئ، الحياة جميلة فعليك أن تستمتع بها ولا تنشغل في مواجهتها؛ لأنها لن تنتهي أبدًا، فاستغل كل لحظة بها.

للكاتبة: جواهر أيمن

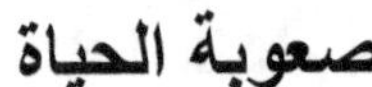

الحياة بكل معانيها

صعوبة الحياة

أحيانًا تتوقف الحياة رغم أن الأيام تمضي، ولكن الحياة تتوقف وبريق الأمل قد ينطفئ، والنفوس تعد، وأحيانًا ننسى كيف نتنفس، ويصعب علينا التحدث مع أحد، ونتألم من داخلنا، وتنكسر قلوبنا لدرجة أننا لم نَعد نسمع من ضجيج الحياة، وفجأة تعطينا الحياة فرصة، ولكن علينا أن نصبر؛ لأن الحياة لا تُضمنْ، وبعدها نعلم أننا كنا في اختبار يُسمى «اختبار الحياة»، ولننجح في هذا الاختبار علينا أن نؤمن بالقدر خيره وشره، وأنّ الله لن يختار لنا سوى الخير، وحتى إذا لم تحقق أحلامنا فعلينا أن نؤمن أن هذا خير لنا، وعلينا أن نثق في أنفسنا ولا ندع للشك مكانًا في قلوبنا، ونتأمل بالحياة، ولا نشكو ولا نضعف، ولا نسمح بأن نكون محلًا للشفقة، ونتعلم من هذه الأحداث، وأن نكون أقوياء ونصبر أنفسنا، ونقول: إن هذا كله خير لنا، وأنَّ هذا درس من دروس الحياة، وواحدة من صعوبات الحياة أيضًا.

للكاتبة: جواهـر أيمن

الفهرس